合伙型组织

中国合伙人的蓝图、模式、治理与精神

刘建刚 ／ 著

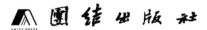

团结出版社

图书在版编目（CIP）数据

合伙型组织 / 刘建刚著 . —— 北京 : 团结出版社 ,2022.12
ISBN 978-7-5126-9825-3

Ⅰ . ①合… Ⅱ . ①刘… Ⅲ . ①企业管理—组织管理学
Ⅳ . ① F272.9

中国版本图书馆 CIP 数据核字 (2022) 第 207229 号

出　　版：团结出版社
　　　　　（北京市东城区东皇城根南街84号　邮编：100006）
责任编辑：郑纪
营销标记：崔旋
电　　话：（010）65228880　65244790
网　　址：http://www.tjpress.com
E－mail：zb65244790@vip.163.com
经　　销：全国新华书店
印　　刷：三河市华东印刷有限公司

开　　本：170mm×240mm　16开
印　　张：15
字　　数：210千字
版　　次：2022年12月第1版
印　　次：2022年12月第1次印刷

书　　号：978-7-5126-9825-3
定　　价：65.00元

序

积力众智，和合共生

从 1994 年新中国第一部《公司法》到 1997 年第一部《合伙企业法》颁布，标志着企业的组成形式由单一"资合"走向了"人合"与"资合"结合的时代，一批人力资本密集型的行业率先采用了合伙企业形式，特别在知识服务领域，如律师事务所、会计师事务所等应运而生。在这之后的相当长时间内，中国经济高速成长，公司和合伙企业也蓬勃发展，企业根据自身特征在"资合"与"人合"之间选择自己的组成形式，相安无事。

今天，创新驱动、产业升级已成为主旋律，人们将更多的目光放在了如何将现有产业与互联网、人工智能、金融科技等新元素结合起来，新模式新业态磅礴而出，新经济的魅力无时无刻不在影响每一个人。越来越多的企业已经感受到了这轮产业变革的压力，不创新，难有出路。而在寻求创新发展过程中，人的因素已成了关键要素，如何激发个体的创造力，打造有创新活力的组织，是每一个企业必须面对的时代课题。

在数字经济和知识经济时代大背景下，"资合"与"人合"的界限逐渐模糊，越来越多的公司制企业也呈现出了人力资本是核心生产要素的特征，但受制于法律框架下的组成形式，无法成为合伙企业，于是基于"产业生态化""组织平台化""内部创业化"等理念的机制创新方法受到欢迎，开放、平等、协作、共享已成为激发个体创造力与组织活力的必然方向。因此，我率先提出了"合伙型组织"的概念，通过相关机制的创新设定，重构组织场景关系，再从机制创新上升到组织创新，全面赋能新经济时代的新模式新业态等创新商业主体。

合伙型组织首先应该是有使命有愿景的组织，组织中人与人之间的关系应该是建立在价值观共识的基础上，人才关系更趋向在一定规则下的合作和共享，组织驱动的模式也要由以组织为中心的管理驱动走向以人才为中心的价值驱动，产业链关系也要在原有界定上突破，产业伙伴会成为合伙的组成部分。

合伙型组织应该是一种由新时代"合伙人"标签的组织关系人构成的创新组织形态，而这些"合伙人"就是基于合伙蓝图、遵循合伙机制、遵守合伙规则、践行合伙精神，坚守共识、共担、共创、共治、共享合伙原则的和合共生者。在这个认知的基础上，基于多年实践，我们提出了"合伙型组织四象模型"的知识体系，从"蓝图、模式、治理、精神"四个维度，打造合伙型组织。我和我的同事们近几年按照这一知识体系开发的方法和工具，帮助了不少企业向合伙型组织转型，包括我们自身也是这样实践，从目前来看，效果还是很明显的。

西汉刘安在《淮南子》中说"积力之所举，则无不胜也，众志之所为，则无不成也"，这种积力众智的思想衍生到今天，依然能焕发出璀璨光芒，"和合共生"的古老智慧也是今天新经济发展的重要理念，"合伙型组织"正是积力众智、和合共生成为新时代组织哲学的必然产物，我们希望在未来守正出新的产业变革环境中，帮助更多企业打造合伙型组织、实现组织创新，为"新技术、新产业、新模式、新业态"保驾护航，提供可持续发展的活性土壤和核心动力。

感谢这个时代给予我们思考和实践的机会，本书是第一本提出"合伙型组织"理念和实施指导的书籍，希望它的面世，能够为产业转型升级提供组织创新的一些方向探索，也给相关企业培训和管理咨询的专业人员提供一定的工作帮助。

　　本书的内容大多数来自我和团队多年的应用实践，在理论和文字水平上还有差距，第一版书稿在 2019 年底就出来了，总感觉有待完善，迟迟没出书，虽然现在还不甚满意，但考虑到我们的知识体系已经在广为应用，而且通过我们"中国合伙人"课程的讲解广为传播，甚至有认同这套体系的某些有识之士还引用了不少我们这些原创内容作出版物，从知识产权及正本清源的角度，暂就先行付梓了，期待再版时能够再好一些。

　　谢谢张宏强、马伟、王翔天、赵曼廷、胡克华、宋卫华、马福臣、曾波、许亚红、李建辉、邵铁健、吴国强、罗莉、张相波、孟宪滨、黄雨婷、王谷青、许亚梅、李苑仪、陈汉锰、石生仑、朱聪、韦仕荣、覃博诸位同仁的奉献，谢谢书稿组许亚红、赵曼廷、黄雨婷三位女士的辛勤付出，特别感谢许亚红博士的辛苦统筹。

　　不足之处，请大家多批评指正。

刘建刚
2022 年 11 月

目录

第一篇

合伙型组织：时代催生组织进化

　　过去，企业一般有两类人，一类是出资的，我们称之为老板，还有一类就是出力的，也就是员工。他们之间的关系是出钱的老板雇佣出力的员工为企业服务。在这种制度下，老板所关注的是如何达成企业目标，满足自己的需求，员工是被动的，他们必须听从命令，服从安排，遵从管理体系。这就是一种交易，老板支付的是工资，员工支付的是绩效。久而久之，会产生一个矛盾：企业担心给予了员工足够多的工资，但是员工没有好好干活；但员工也担心努力付出之后，得不到想要的收益。这是每一个传统企业老板都面临的难题。员工创造的价值不足以平衡企业所支付的薪酬时，必然促使企业进一步加强管理、强化考核，但考核和约束的结果也未必理想。这是过去的模式，现在则遇到了挑战，这种模式不再特别有效。

　　目前，中国企业的数量正在飞速增长，远远超过了很多其他国家。企业数量的增加带来的是一种机会，对员工来说，尤其是那些能力出众的人才来说，他们的就业机会很多，他们有充分的选择权。即使这家企业待不下去，马上就能通过猎头的沟通或互联网上的各种招聘网站和招聘软件，跳槽到一家有更高待遇或者更大规模的企业，实现无缝衔接。但对原企业而言，这意味着人才的流失。

　　改革开放 40 多年来，企业数量急剧增加，但是人才的供给与需求依然处于相对不平衡的状态。人才需要不断地沉淀和积累，职业化的团队远远不够，人才市场的竞争从人才之间的竞争逐渐演变成了企业之间的竞争，如何让优秀人才大量涌入并稳定长期地留在企业呢？

　　这需要在企业雇佣关系中，双方的身份都同步发生蜕变：

　　第一，从老板蜕变成企业家。老板关注的是成本需求，但是企业家关注的是客户和员工；老板关注的是利润，企业家关注的则是长远的价值。当关注点发生变化，所带来的效果和价值也不一样。

第二，从员工蜕变成合伙人。对于团队中的核心人员，尤其是一些优秀人才，不再适合传统的雇佣制，而是通过一种共创、共享的机制，来实现利益一致、风险一致。在这个机制当中，所有的人都愿意主动贡献，以获取企业价值分配的权利。这种合伙制不再是过去简单的管理和考核，而是强调个人影响力，企业家必须强化自己的影响力，通过制定更好的激励机制去激发员工的能动性。

双方有了以上的身份蜕变，就有了超然于传统雇佣关系的全新合作模式。很多企业也开始实施了股权激励，但是在落地的过程中，我们发现很多组织上的问题是需要超越单纯的激励层面去解决的。同时，站在产业的角度和更广泛的文化角度，我们需要对整个组织进行全新的思考，合伙型组织也在此背景下应运而生。

第一章
合伙型组织产生的背景

第一节 产业创新时代：企业成长逻辑发生巨变

今天的产业创新已经不是简单的"物理变化"了，而是"化学反应"，改变的不单是数量形状，更是机体性状。大数据、云计算、人工智能、互联网科技、元宇宙技术、金融新科技等跟传统产业的结合产生了大量的新模式、新业态、新技术、新产业，也催发了大量的跨界融合。

而企业的商业模式创新也已经有了很多新方法，不再是过去的在营销策划、产品定位、渠道打法做一些渐进式的改变。过去的企业商业模式几十年来基本一成不变，一个企业从小企业成长为大企业，大概需要 40 年的时间，在时间的累积下，逐渐建立起企业的核心壁垒。同样，竞争对手也需要 40 年的时间才能追赶上。因此大公司的衰退过程也是缓慢的，逐渐走下坡路的过程中依然能够勉强维持优势，毕竟瘦死的骆驼比马大。反观今天，很多新经济体的企业，不管是互联网公司还是传统行业转型升级成功的一些新模式、新业态的公司，他们从零成长为行业巨头，可能 7~8 年就搞定了，而有些企业则会更快，比如不少新经济企业，都是在 2~3 年的时间就迅速崛起，并占据较大的市场份额，成为行业巨头。可以看到，企业今天的成长方式已经不一样,发展的逻辑也不一样,很多要素结合起来,企业发展的路径就超常规了,跟过去企业的常规发展的模式已不一样。

海尔张瑞敏曾说,没有成功的企业,只有时代的企业。今天的产业变化绝对是日新月异的,商业模式迭代的速度也越来越快,企业停滞一天就可能跟不上竞争对手了,靠吃老本维持不了多久,产业环境的不确定性越来越强。

产业创新是企业今天面临的巨大的时代背景,产业创新的环境在变化,同时组织形式也在变动,组织也需要不断地进行变革。原因很简单,人跟过去不一样,今天的员工独立思考能力更强,自我价值意识更强,不需要别人命令,更愿意自我驱动去工作。所以,今天的新生代并不好管理。

那么我们要问一个问题,对于这样的新生代,我们再用过去那种管理的方式行吗?原有构建组织的形式还行得通吗?

答案是否定的。因为做事的人变了,我们的组织形式也要变,这也是我们今天组织要变革的意义。

然而,每一个世代都有他们的特点,人类是一直在进步,我们的下一代一定比今天的我们更优秀。比如,美国二战之后出生的那一代人,出生在婴儿潮期,赶上了美国高速发展与传统价值观冲突的年代,曾经被认为是美国"垮掉的一代"。然而,美国20世纪80年代中后期的迅速重新崛起,并大幅度领先全球众多国家,正是因为当年美国的这代人中出现了一批杰出的、有远见的领导者,在90年代提出的新基建工程。1992年,美国时任参议员,后来的副总统阿尔·戈尔提出美国新的高速公路计划,提出在新一轮的竞争当中,要超越全球,要遥遥领先全球,要从另外一个维度压制或超越日本。

他们催生了互联网经济科技,所以一大批美国的互联网公司应运而生,一大批美国的科技公司也应运而生,而且这些技术深刻影响了每一个传统行业,以致美国在今天无论在哪一个方面都遥遥领先于全球其他国家。

从这个维度看,面临中美贸易的大环境,承载中国经济活力的中小企业更应该韬光养晦,潜心研发,掌握核心底层技术、核心材料、核心工艺和核心装备等。在美国对中国产业断链、"去中国化"的情况下，能够用自主研发的产品替代产业链上的关键环节。

承载中国产业创新的这些专精特新和"小巨人"企业正在新兴产业发展中挑起重担，它们也同时受到了资本的青睐。这些企业健康的发展成了产业发展过程中关键的一环。

第二节 组织变革时代：组织力量聚变

在所有新模式新商业的发展中，组织也一定需要创新。组织团队的形式改变后，会导致组织整体力量的变化。

2022 年发生的俄乌战争中，俄罗斯军队在战役中的表现让全世界大跌眼镜，不得不让大家重新评估俄罗斯的综合实力。前线军队整体作战水平、对局势的判断、士兵的士气、供给与后备运输等方面暴露出来的问题，反映了俄罗斯整体军队组织力的水平，组织力太差。而美国为什么能够进行多次精准的斩首行动，可以进行精准打击战？因为美国军队在很早的时候，就已经是赋能型组织，特别强调大平台小前端，一线呼唤炮火，后台中台做赋能。如华为的营销体系就是学美军打仗——类似三角洲部队的培养体系与作战体系。

同样，我国最近几年的军改也是基于提升组织能力的目的，也是一个组织大变革。把整个四大军委的四大总部、七大军区撤销，重新构建"军委管总、战区主战、军种主建"的现代军事组织形式。平常各区军种自我建设，作战的时候全部交给战区来统一组织，作战效率明显提高。

因此，今天我们企业要搞清楚如何打赢下一场战争，如何在商战当中保持常胜，那就要考虑自身的组织形式好不好、组织效益高不高，组织能量能不能通过"聚变"，实现团队、资源与组织的优势结合与能量释放。

第三节　人力资本时代：核心价值资本化

随着行业竞争的加剧和商业环境的复杂多变，人力资本已经在企业发展中呈现出愈加重要的趋势。以前很多人都提出了人力资本与物质资本同等重要的观点，但我们强调的是人力资本是优于物质资本的。人力资本的核心事项是什么？是企业需要真的把人才当作企业最核心的生产要素。

过去，在物质资本年代，根据公司法，股东用资金、固定资产或者是技术知识产权对价入股，都能够体现为股本价值。有了物质资本入股前才能成为股东，股东才能享受剩余价值，才能享受公司的盈余分配。但今天，优秀的人才对企业的发展越来越重要，而他的能力又无法简单的对价成物质资本：他没有拿现金入股，他没有土地厂房折现，他暂时也没有知识产权……但是，他本身的知识和技术、他解决问题的能力、他运营管理的效率等，他存在的价值就是一种资本，就是可以参加盈余分配的，那么这种人才就可以认为是人力资本。

优秀的人力资本价值与物质资本并驾齐驱，他一样是可以成为公司盈余价值分配的角色，他一样是股东。所以股权激励的原理是什么？股权激励的核心原理其实就是把人力资本物质资本化，这就是股权激励的原理。

当今天进入到人力资本时代的时候，我们的组织同样需要做出变化，这样的人才我们也需要把他作为我们的合伙人同样地看待，让他充分参与到公司的经营中，共享劳动成果。

第二章
合伙型组织

第一节　合伙型组织的概念

1. 合伙人与合伙企业

对于合伙人的说法，法律上早有提及。在旧《民法》第 46 条中规定：公民按照协议提供技术性劳务，而不是提供资金实物，但是约定了可以参加盈余分配的人。我们将这类人称为合伙人。在《中华人民共和国合伙企业法》中又规定：合伙企业中，普通合伙人对合伙企业的债务承担的是无限连带责任，而有限合伙人仅承担有限责任。这就是通常所说的 GP(General Partner, 普通合伙人）和 LP（Limited Partner, 有限合伙人）。究竟是有限合伙企业还是普通合伙企业，应由合伙企业的创设者来决定。如果企业的财产不能够清偿企业的债务，那么普通合伙人需要以其个人财产对合伙企业的债务负无限连带责任，有限合伙人仅需要以其认缴的出资金额为上限进行赔付。然而，现在多数企业都以有限责任公司的形式设立，在有限公司法律意义上没有合伙人这个概念，有限责任公司当中的合伙人是一种身份概念的应用，与股东有着一定的区别。

从行业上讲，传统的合伙制企业比较集中在一些特定的行业当中，侧重于人力资本密集的企业，如管理咨询公司，基本上都是合伙人模式。还有一些技术咨询、律师事务所以及会计事务所，这类企业有一个共同点，是以人为核心资产的企业，人的知识和能力成为企业的核心资产。所以，这类企业多是采用合伙制。

在新经济时代，过去的组织管理方式已经无法适用，组织变革所带来的是以人才为中心的价值驱动。只有如此，员工才能产生最大的价值。

企业的高级管理人员，拥有一定的话语权，必须思考团队的活力，思考如何将员工的能力最大化激发出来。每个领导都要面对这样的事情，不然团队的人力成本就会越来越高。很多企业家会考虑时间成本、企业的基础成本、机会成本，但是很少有人会去计算企业的人力成本。

人力成本应该怎么算？有人将人力成本视为人员工资的总和，但这是劳资成本，属于基础成本的一种。人力成本应该与员工本身的价值和其呈现出来的价值相关。比如员工做到了80分，领导要考虑他能不能做到90分，100分，甚至是110分。需要注意的是，如果一个人能做到90分，结果只做到了70分，这里面所产生的差额就是企业的人力成本。所以，人力成本不仅仅是工资，还是个人所创造的价值。领导必须想办法将人力成本降到最低。

如果团队的员工本来能做90分的活，结果只做到了80分，甚至是70分，那么企业的人力成本就会非常高。因为他没有做到90分，这是一种非常明显的人力浪费。而且团队会因此丧失进步的能力，所影响的就是持续改进迭代的能力，它会在无形中降低团队的竞争力。团队的核心竞争力下降就是团队的危机。那些真正做得好的企业，不管是大企业还是小企业，在公司发展最快的时候，就是团队整体状态最好的时候。

一个人如果不能将价值反映在自身能力上，就无法体现出个人价值。如此，组织内部的驱动力必然转向个人价值。员工不仅能够获得工作，更重要的是能在工作中体验到成就感。员工只有产生了价值，释放了自己的才华，才能享受到应有的待遇和回报。

不仅如此，组织管理不再是过去那种层级分明的管理方式，而是讲究职场努力、讲究市场效率、讲究人才关系。过去我们的管理以约束为主,现在更多的是强调合作,更能体现出领导能力的强弱,而非单纯权力的强弱。

资源关系也发生了变化,从过去简单的供给关系转变到更大的领域,不仅需要供给资源,还要求领导者对资源进行最大限度的整合,最终实现资源的共享。

资本关系从过去的单一模式转变为更为复杂的合伙模式,不再是老板一人出钱,而是需要更多的资本来源。现在越来越多的投资机构及金融服务机构正应需而生,他们能全面服务到企业的每一个发展阶段。我国已经构建起一个多层次的资本市场,渐渐形成了一个全新的市场体系,随着科创板、北交所的推出以及注册制的放开,为企业带来了更多的机遇。只要有好的团队,有好的产品,就能发现更多的可能性。

由此可见,随着新型价值驱动带来的各种变化,合伙人机制与互联网时代特征、企业人力资源属性更为匹配,更适用于当下的企业管理需求。

2. 合伙型组织

公司制的缺点是要耗费大量的成本和精力来进行管理、考核来做经营,老板与员工是雇佣关系,是资本和股东以及经理人之间的博弈。合伙制的优点就是合伙人自动自发,每个人都会自己干,不需要别人的监督管理。而传统合伙制的缺点也明显,就是凝聚力比较差、团队作战比较差,他靠的是每一个人单枪匹马的能力,而公司制则组织相对固定,层级分明,这两种组织形式,各有优点和缺点。

而我们今天要做的事情,就是怎么样把两者的优点结合起来,能够在企业组织形式上面做力所能及的创新,企业改变不了公司法,改变不了大环境,但是可以改变企业自己的玩法,可以改变自身的境遇。在合理、合规、合法的情况之下,我们适应这个社会的创新和整个产业的变化,打造新的组织,这就是未来的经营战。所以,未来没有这样思维的企业是很危险的,是没有未来的。

在我们的实践过程中，发现中小企业在管理上面临两个问题，一方面是管理不足，一方面是管理过度，而且这两个问题通常时有交替、相互往来。在过去的企业组织中，主要矛盾在管理不足，而今天的主要特征在管理过度。然而，我们很多企业的管理理念都来自西方的大企业，但我们很多企业体量还小，还是快速成长的机体，用传统西方大企业的管理体系难以取得理想的效果。所以，对于企业管理应该是管大方向的、促进发展的内容，去激发整个组织成长，所谓"发展才是硬道理"。我们要学会抓大放小，要学会模糊管理，该放就放，不要太精细。管理越精细，组织的生命力就越弱，组织的成长力就越差。我们要允许适当的灰度，有一定的容错机制。就如同大海，它之所以伟大，就是因为它能海纳百川，有容乃大，它有自我抵挡和自我消化的力量，有自我清理和修复的能力。

我们一直在实践这两种体系的组织如何结合，怎么把企业变得越来越平台化，怎么更有吸纳性，怎么更有锐气，怎么更有生命力（组织本身就是个有机体，就像一个生命一样）。目前，越来越多的公司制企业呈现出了合伙制的特点，越来越多的资合型企业慢慢呈现出了人合型的特点，越来越多的企业更多地依靠人本身的知识和能力，更多地依靠团队的能力。

那么，合伙型组织就应运而生了。

合伙型组织是在产业变革和人本经营为显著趋势的大背景下，从生命科学的角度探析企业持续增长与组织成长的关系，更强调组织的有机性、生态性、平台性和聚合性，这种新型的组织范式我们称之为合伙型组织。合伙型组织从蓝图、模式、治理和精神四个维度构建并彼此关联，从而实现组织更强大的吸纳力、内驱力和生命力。

第二节 合伙型组织的特征

1. 增长：发展就是硬道理

企业的发展就如同儿童的成长，前进的过程不可避免地会出现很多问题，而当儿童成长到一定阶段，他的免疫力提升，机体正常，抗风险能力自然而然地强化，所以他就没有什么大问题了。人类生长的自然规律，也是企业发展的自然规律，企业本身就是一套生态系统，也是一个生命体，它有它的规律。我们常说业绩治百病，当企业处于高速发展过程中，其他一些不痛不痒的小毛病就可以忽略不计。

在构建合伙型组织的时候，尤其要看机制是不是有利于公司业绩的拓展、有利于公司的发展，如若不然，再好的机制也是不适合当时的企业。商场如战场，企业不注重增长，不抢资源抢地盘就会被竞争对手慢慢蚕食。现在很多公司依然把销售业绩压在业务员身上，但效果并不佳。实际上今天很多好的企业都可以通过平台来解决流量问题，平台来解决销售问题，平台来解决客户问题，业务员做好服务，做好深挖。如此，企业发展的效能就不一样，势头也不一样了。

同样，天天盯着企业内部管理的行为也是不可取的。每年招募三五个新人，内部组织不停地调整，企业业绩也不会获得快速的增长。相反，企业在发展的时候应该抓大放小，注重企业长期价值的增长。在这个过程当中不断地解决一些问题，那么企业内部的有些问题就自然不存在了。

因此，合伙型组织不是不要管理，而是尽可能地重经营、重增长，通过这种方式来抵消管理的成本，抵消组织的熵增。

构建合伙型组织的过程中需要抓住增长这个核心，实施组织变革才有意义。

2. 共生：大家赢才是真的赢

合伙型组织的共生有两个层面的内涵，一个是物质层面的利益所在，一个是精神层面的价值观认同。

首先，这个赢指的是盈利，是利益上的共生。你赚我也赚，大家都是利益的受益者。从内部的员工到外部的合作伙伴都能够通过这套合伙体系获得收益，大家形成利益共同体，共同依附在产业生态上。

其次，是指大家认同这个事业，是大家在这种精神层面上的一种利益共同体，这是更深层次的共生。当合伙人从内心把自己当成这份事业的一分子，就会从心底认同公司，认同这份事业，价值观也就能保持一致。不管内部的合伙人还是外部的合伙人，当这个层面的认同一致时，共生才能真正形成。

3. 平台：无其私才能成其私

平台思维是以众人之私成公司之公，是集众力、集众智、集大家的力气和大家的智慧去承载，以无私及开放的格局，支持平台企业的成长，支持企业或大家在平台共同发展。当组织平台化的时候，就是顺应未来产业的变革，顺应未来的产业生态化，从而形成平台内部创业化。

共享的本质不单单是成就别人，还要成就自己。如果把自己口袋里的利益分出去了，导致自己少了，这不叫共享。共享是大家一起好，所以说无其私才能成其私，我们都要有平台的思维，但平台的思维是先让大家的私心得到爆发、得到满足，之后才能成就平台的私心。

4. 聚变：聚变大于裂变

聚变不同于裂变，而是要大于裂变的。当发生聚变的同时往往意味着巨大能量的释放。聚变和裂变的原理就如同氢弹与原子弹的对比。原子弹的原理就是核裂变，而氢弹实质上是核聚变。氢弹可以说是原子弹中的原子弹，要先用原子弹的核裂变反应去引爆核聚变反应。因此，氢弹的威力远远超过原子弹。

通常，业绩叫裂变，团队称之为聚变。如果说营销是裂变，不断的是把业绩裂变出来，那么做团队的管理一定要是聚变，让聚的人聚的资源越来越多，聚的力量越来越多，内部的、外部的、各个维度的组织得到成长，才能得到生发。

因此，增长、共生、平台、聚变是合伙型组织的四个非常重要的特征，如果我们打造一种机制，打造一种组织，达不到这四个要求，就不能称为合伙型组织。

因此，在构建合伙型组织的过程中，要紧紧围绕着这四个特征，考虑合伙模式是不是支持企业的增长，是不是有在利益上和价值观上的共生效应，是不是平台思维，是不是有聚变的能量。

第三节 合伙型组织的内在逻辑

合伙型组织，背后是有哲学、有逻辑、有认知的。优秀的企业家通常都有自己的一套经营哲学，有些崇尚大道至简，能够把简单的道理认真地落地了，就会比别人提前知道本质，知道这个大道至简的一些背后的哲学，然后他认真做，坚持做，就成功了。

合伙型组织的逻辑就如下面这个示意图。

图 1-2-3

企业面对的环境是产业生态化、组织平台化、内部创业化，在这样的情况之下，企业为了应对未来，需要体制机制的创新，而体制机制图（如上图1-2-3）要符合这几个特点：有开放的体制，有平等的机制，有协作共享的体制。这种体制和机制的创新要符合开放、平等、协作、共享的特点。

合伙型组织

在这样一个体制机制下面，我们就需要某种组织作支撑，这种组织必然是合伙型组织。如果说体制机制有四个特点，那么支持体制机制的组织就是合伙型组织，它有四个特征叫增长、共生、平台、聚变。只有这样才能让圆融万象的资源为大家所用，才能让更多有能力的人才、创新的人才跟大家在一起合力无忧，能够让更多的资金和资本来加持我们，让我们的价值倍增。

在合伙型组织的逻辑示意图中，可以看到企业既要有很厚重的底层基础，又要有一直往上的强劲增长动力，还需要增长、共生、平台、聚变的机制牵引和体系支撑。只有这样的组织，才能在未来的商业竞争当中屹立不倒，一直前进。

第四节 合伙型组织构建的四象限法

在合伙型组织的逻辑框架下，如何去构建合伙型组织呢？其实打造合伙型组织并不难，企业只要从下面这四个方面去考虑，就能够有效建立合伙型组织。

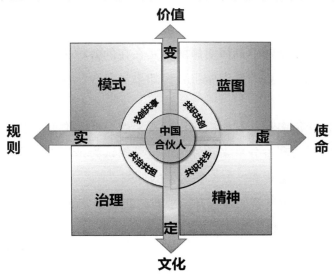

图 1-2-4

1.蓝图引领

首先需要考虑的就是有没有合伙蓝图，如果没有蓝图，就无法实现共生。蓝图的引领是构建合伙型组织的先决条件，要不然企业打造的就不是团队，而是团伙了。团队就必须有团队的目标。因此，蓝图指的不仅仅是企业现在的商业模式所呈现的张力，还有企业不断的创新能力，以及面对未来很多不确定性的环境依然能够保持不断地迭代发展的定力。这样的蓝图是动态的蓝图，能够更好地匹配企业的未来，明确企业的目标。合伙蓝图能够帮助企业在未来屹立不倒，持续引领公司发展，引领资本与资源共同投入。

例如，小米一直围绕着软硬件打造生态，它的蓝图吸引了一大批团队聚集在小米的旗下。很多小米生态链的企业接纳小米为其赋能，跟着小米的蓝图做小米的合伙企业，成为小米的合伙人，充当小米生态当中某个产业链上的一分子。

2. 模式保障

模式保障就是企业中具体实施的实实在在的各种机制，根据不同维度上企业需要的资源、需要的要素做组合。如果没有合伙模式，那共享就无从谈起了。

模式也包含很多种，有些模式用股权来做合伙，类似于股权激励；有些模式通过非股权的利益分享来实施，这也可以认为是某种合伙模式。模式的重要性在于怎么去做共享，怎么做利益的分配。

一帮人一起共创一番大业，升级了新的商业体，就可能要大家共同创业，那怎样打造创业的合伙人呢？

合伙蓝图非常明确，商业基因没有问题，商业逻辑正确的情况下，企业就是要找对人，人找对了事半功倍，人找错了事倍功半。合伙人的机制本质就是要找到志同道合的人。

当年，马云吸引蔡崇信就是这样的情况，有了好的蓝图，给了个好的创业机制，给予了蔡崇信创业合伙人的待遇，人就被挖过来了。雷军做手机的时候，一天手机没有做过，一天销售工作都没有做过，但他通过互联网营销把产品卖出去了，他不会制造和设计硬件，但他从摩托罗拉和微软等全球顶尖的企业挖人，全部是顶级的硬件、软件、品牌、策划的高手，互联网运作的高手，就这样把公司做大了。打造一个合伙蓝图，匹配一个合伙模式，拥有大格局的合伙人就会进来共同创造一份事业。

今天的创业，特别是到我们这个阶段的创业，社会已经在分阶层，不要迷恋那些励志的故事，寒门难出贵子。今天很多企业一出道就是巅峰，起步就是有一批高水平的人站在一起。合伙人的高度才能决定企业能够到什么样高度，拥有了清晰的合伙蓝图，匹配合适的合伙模式，从开始创业，就出道即巅峰。

同样，如果事业合伙机制能够让一直跟随你的老员工产生二次创业的激情，让一直跟随你的人老树发新枝，一个老臣子能够迸发出新的创业精神，抵过十个外面来的人。

类似的，业务要拓展，城市合伙人怎么去设计。要做一个单个项目垂直领域，项目合伙怎么做？客户是不是成为企业的合伙人，产业生态上面又怎么成为产业合伙人？有钱人手上的社会资本、产业资本、供应链的资本怎么成为我们的资本合伙人？

上面简单提及的这几个模式都是合伙型组织的模式保障。

3. 治理规则

合伙要有规则，这种规则不是利益分配的规则，是人与人之间的规则，因此我们提出一个非常重要的概念叫合伙人治理。在公司治理和管理体制之外，还有一个第三维的空间叫合伙治理。公司治理是根据公司法、公司章程，进行权责利的分配，三会一层（董事会、股东会、监事会）的职责相当明确，权利也分得清清楚楚，这是一套根据公司法制定出来的章程，这是股东出资形成的一系列规定权利的游戏规则。目前已经相当成熟，中国的中小企业也在慢慢完善公司治理。

治理讲究的是平衡。公司法只是一道分配规则，无法保证股东不内斗，无法保证有些人不中饱私囊，也不能保证有些人不拉帮结派。

管理讲究的是规则，讲究的是官大一级压死人，管理就是我叫你做你就必须做，这就是管理要求的执行力。军队的管理效率是最高的，因为必须坚决服从上级指挥。因此，在管理的场景下是基于服从和执行的，很难让大家用另外的一种治理规则参与其中，那么管理将会受到挑战。

所以，我们在常规的治理体系和管理体系之外，去找寻另一种新的参与方式——合伙人治理。那么，合伙人治理的核心是什么？

其核心就是要把大家的主人翁意识真正地激发出来，它不是简单从利益上激发，而是从奋斗、从担当、从游戏规则上面激发，是要真的让大家有主人翁精神——这是做合伙型组织是必不可少的关键，无论是对于内或外的合伙人。这是经营哲学的核心，以人为本，学会"搞人"，你就学会了可做大鱼的要件，就没有什么是搞不定的。

高层团队之间有很多事情，不是说靠条文去规定，是关乎理想、关乎价值观、关乎贡献、关乎自己的性格、关乎自己的价值取向等这些问题。

所以这些问题该怎么能解决呢？你会发现在管理上还解决不了，需要从合伙人治理层面去解决问题。

4. 精神文化

然而，有时候，有规则还不够，最终你要沉淀出某种合伙的基因，要形成合伙人文化，这是精神文化的角度。你要打造的合伙型组织中应该是一种什么样的合伙人精神，这些合伙人是应该践行什么合伙文化，最后呈现出自己企业独特的符号，合伙人一走出去，就知道哪个企业来的，有哪种不同的"味道"。

所以合伙人的符号是什么呢？像腾讯、阿里巴巴、华为等互联网大企业的合伙人特征就很明显，相对独立，能够一眼辨别出合伙人是来自哪个企业。合伙人精神文化是慢慢沉淀下来的，反映的是一群人的一种精神，是一种企业文化或者合伙文化的传承。

当企业把合伙蓝图、合伙模式、合伙治理与合伙精神四个板块建立了之后，合伙型组织就应运而生，如示意图 1-2-4 所示。合伙型组织的打造并没那么神秘，从这四个方面入手，建立四大象限模型后，就能形成未来的合伙组织，能够共同面对和解决未来的经营和管理的问题。

第三章
合伙型组织四象模型的重要战略意义

第一节 和合共生者：合伙型组织的四象内生逻辑

通常，合伙蓝图、合伙机制、合伙规则、合伙精神是合伙人必须遵循的内在逻辑，也是合伙人知识体系中非常重要的四个因素。通过这四个维度，我们可以对合伙人体系有更清晰的认识。而这四个维度是存在其内生逻辑的，因为万物皆有因果，并不是简简单单的堆砌与总结，而是环环相扣的。

合伙蓝图是起因，是根本，是前提，是所有合伙人共同认可的蓝图，是大家共同奋斗的目标，所有合伙人的努力都是为了实现这个蓝图。正是有这样一个合伙蓝图的显性因子，才能聚集到一批志向一致的合伙人。

合伙机制是实现蓝图的路径，是最终合伙人能够获得利益的途径。合伙机制不仅涉及权利和责任的分配，还具体到企业大大小小的人事管理。大家必须遵循这种合伙机制才能进行合作，包括进入机制、考核机制、退出机制等各种股权上的调整。合伙机制决定着合伙模式的生命力，任何一种合伙方式都应该遵循合伙机制，一旦机制设计出现了问题，后续的问题会越来越多，合作难以为继，最终导致散伙。

所谓国有国法，家有家规，任何事情都必须在一定的规则下进行。合伙人共同创业，打造事业，也必须讲究一定的规则，每个人都受到规则的约束。合伙治理就是让全体的合伙人遵从游戏规则去实现合伙蓝图。而合伙人同时应当受到共同的思想约束，将合伙的行为转变为一种日常普遍的行为模式与思考模式。当合伙精神沉淀下来，企业的发展前景就会越来越好。

中力的合伙人正是基于合伙蓝图，遵循合伙机制，遵守合伙规则，践行合伙精神，坚守共识、共担、共创、共治、共享合作原则的和合共生者。

第二节 和合共生者：合伙人的五共原则

那么，我们需要打造的是一种什么样的合伙型组织？一群什么样的合伙人呢？中力的合伙人提倡的五共原则就是共识、共担、共创、共治、共享。

1. 共识，即共同的认识

合伙人所追求的方向必须是一致的，在思想上保持高度的统一。合伙人打造的团队应该是心往一处想，劲儿往一处使，因为合伙人的目标是一致的，所以奋斗也是一致的。

2. 共担，即共同承担责任

既然是合伙人，企业遇到问题一定要共同承担，这不是某一个人或某一个团队的问题，而是所有合伙人的问题。

3. 共创，即共同创造利润

每一个合伙人都必须充分发挥自己的优势，为企业的发展提供自己的力量，而不是一部分人努力工作，另一部分人一点也不付出，这种思想不是合伙人的思想，合伙人必须共同创造，每一个人都应该有所发挥、有所贡献。

4. 共治，即共同治理公司

除却股权的权利分配之外，并不是每个合伙人都能够共同参与到公司的治理决策层面。内部合伙人的治理不同于公司层面的治理，是利用合伙人集体决策的规则，约束合伙人的行为准则，以合伙人的身份共同参与治理公司。

5. 共享，即共同享受成果

企业创造利润后，所有的合伙人共同享受，而不是某个合伙人独自享受。

通过合伙人的知识架构，结合企业的实践，打造一套独有的合伙机制，形成五共原则的合伙人，这样的合伙人叫作和合共生者。

和合共生是一种充满哲学思维的发展思想，是中华民族文化当中一个非常重要的配比，因为中国的文化讲究和合，讲究共生，这种思维特别适合当下的互联网思维。因为中国文化向来是你中有我，我中有你的辩证关系，讲究求同存异、共生的文化，与合伙人的精髓不谋而合。将合伙人叫作和合共生者，可以取长补短，相互借助彼此的优势，实现合作，共同生发。不管是内部的因素还是外部的因素，都是打造合伙型组织该考虑的因素。不管是在人才的维度，还是在产业链的维度，或是在资本链的维度，都能成为合伙人的对象。因为合伙人是和合共生者，含有无限的包容性。

这个说法听起来比较复杂，但是它对合伙人给出了最全面的定义，准确完整地囊括了合伙人的每一个核心要素。通过这样的合伙人体系，将一些可以利用到的资源，比如人、资金等重要因素全部整合起来，共同参与、共同分享、共同治理，成为新时代的合伙人。

第三节 合伙型组织四象模型的变与定

在合伙型组织当中拥有四个象限，这四个象限代表着合伙型组织的整体意义。

第一个象限是蓝图，即共识共创的合伙蓝图，规划构建一个宏伟的、能够振奋人心的事业蓝图。

第二个象限是基于合伙蓝图构建共创共享的合伙模式，衍生出很多实实在在的方式和方法，针对不同的合伙目的、合伙对象，甚至不同的合伙场景，选择最合适的合伙模式出来。比如有些适合做门店合伙，有些适合做城市合伙，还有一些偏向于项目合伙，每一种合伙方式都有其内在的规则。

第三个象限就是打造共治共担的合伙人治理，必须建立一套合伙人都想遵守的治理规则，这个规则建立在合伙人的基础上，将股东与公司的特点进行一定程度的关联。合伙人治理跟公司的治理有着本质的区别，公司治理讲的是股东权益，合伙人治理指的则是合伙人团队中所衍生出来的一种精神文化，这是在规则之外所达成的一个共识。

第四个象限是共识共生的合伙精神，具备股权的合伙人需要拥有这种合伙精神，这是股东的奋斗文化，是一种持续奋斗的信念。合伙人必须做到义与利的结合，既有精神层面的共鸣，又有物质层面的分配，使合伙模式持续。

在合伙型组织四象模型中，有一定的规律可循。右边是蓝图和精神，在蓝图上进行精神上的引导，在共同追求中行使价值实现的使命产业，这是虚的体现，代表着企业的精神文化。左边是模式和治理，这是实实在在的规则，是实的体现、实在的维度。上面的模式和蓝图具备变化的性质，模式可以不断地迭代变革，蓝图可以不断地创新改造，与之相对应的是精神不能变，游戏规则不能变。所以，下面的治理和精神是固定的，这就是合伙人的变与定。总结起来就是：虚实结合，变定有度。

合伙人的两个维度有内部的发展和外部的拓延。企业内部看到的是核心的荣誉合伙人，接着是核心的骨干，然后是企业的精英，最后到全体员工。打造全新的合伙人体系，让一些优秀的员工变成合伙人。外部的拓延，整合产业链的上下游，让一些同行参与到业务和项目中来，通过投、参股和控股实现管理，奠定企业在行业中的龙头位置。

不仅如此，这个合伙型组织模型还能带来深层次的思考。比如在虚的层面上，企业更多的是关注使命、追求与文化。在变的层面上，更多的在于企业所能创造的价值和方向。企业的蓝图和模式都是为了创造一种价值，以实现企业的战略发展。模式和治理又在一定程度上表现着权力的分配、利益的分配，每一个合伙对象在合伙模式中如何行使自己的权力，到最后将获得什么利益，必须在合伙模式和治理中规划出来。在定的层面，主要表现是治理和精神，这又是一种信念和规则的体系。所以，合伙型组织四象模型有着非常严谨的逻辑关联，它的架构非常完整，在每一个不同的维度上面都能将它串联起来，不仅涵盖了企业的使命文化、价值创造、价值分配、权力共享、权力分配等多个方面，到最后所演化出来的是一种持之以恒的信念规则。

这个体系是基于现有的商业模式进行的深层次战略思考。它基于企业的治理结构、企业规章，包括股权、企业章程、企业管控等模式进行一定程度的变革，使企业的管理更符合当下的时代特征，拥有更强的生命力。在这个模型下，合伙人拥有了一个中心，即价值。无论是企业的价值，还是个人的价值，都包含在合伙人的思维体系当中。合伙人要思考的是如何共同创造价值，创造价值之后又如何对价值进行合理分配。每一家企业在进行组织管理时，这个四象模型都能起到指导作用，帮助企业快速找到变革的方向，并在变革过程中快速沉淀下来，创造更多的产值。

第四节 合伙型组织四象模型的生态思维

生态思维是合伙人模式中最重要的一种思维模式。基于企业的蓝图、企业的规则、企业的精神和企业所追求的方向，把相关的人才、资源和资本结合在一起，从企业内部和外部采用多维的合伙机制，在业务层面和企业平台层面实现一种突破，这种突破能为企业带来质的改变，实现本质上的蜕变。

企业的需求是建立一种合伙生态，最核心的就是合伙人四象模型，在这套体系中，会引发一种生态环境。合伙生态环境暗合易经之道，它除了一种不断发生的文化特征外，还有一种系统的文化和生态的文化。所以，合伙人需要从企业内外两个角度来进行构建，内外相连才能圆融万象。而且这是一种科学的机制，在意念层面和意识层面进行落实的时候，便拥有了一种改变。

合伙人的生态思维必然有一个中心，这个中心一定是基于企业的蓝图。生态的构建必须围绕着企业的蓝图，只有这样才能建立完善的规则。这个规则也是企业合伙人的共同追求。企业为什么要进行合伙？因为有共同的蓝图和愿景，合伙人在一起最核心的规则就是保持意识形态的统一，那是一种共同追求的理念。有了合伙精神，要完成企业的蓝图，必须结合多方资源，包括人才资源、资本资源和渠道资源，建立一种和合共生的合伙生态体系。

企业要打造属于自己的合伙生态系统，必须考虑在哪个层面进行打造。如果只是在业务层面进行整合，那么相关的合伙机制应该集中在企业的整个业务层面；如果进行公司层面的整合，就要建立公司层面的机制；也可能是进行组织层面的巨变，打造平台型企业，那就在企业层面或平台层面进行串联。

在不同的层面进行搭建，就会与不同的合伙人产生关联，最后落实到不同的合伙机制上面。合伙机制包括内部的合伙人机制和外部的合伙人机制，最后一定是在这内外部合伙制度上建立一种生态型的合伙思维。企业的生态思维一定要通过机制去实现，所以合伙型组织模型其实就是一种关于生态思维的思考。

但是建立合伙模式，还需要一种助力，这就是思考模式。想要打造一个符合企业体系的合伙人模式，必须在思维层面进行彻底的提升，所谓"积力之所举，则无不胜也；众智之所为，则无不成也"，意思就是集合大家的力量，集合大家的智慧，就没有办不成的事情。积力众智的智慧之道和思维之道，才能将产业上下游相关的人员全部团结起来，形成独特的产业思维，共同创造拓展产业的业务。

在人力资本越来越重要的时代里，组织必须进行创新。正是产业的创新和商业的创新催生了合伙人机制。根本原因在于，当有一样东西能起到有效激励的作用时，就能吸引更多的人追随你，合伙的人自然越来越多。如果企业有这样的合伙思维，拥有一群合伙人，进行模式上的创新，在原来的业务层面进行突破，那么肯定会受到欢迎。

在深圳有一家企业，在原有体系中建立了门店合伙人与城市合伙人两个机制，以此拓展了一个新的业务板块。这个新的业务板块就是在原有的基础上与互联网和金融结合起来，渐渐向平台型企业过渡，其实这个方式就是合伙型组织的思想模型。通过思维的变革让企业实现了转变，拓展了业务模式，获得了更好的发展。

有一家企业专门经营某类管道的安装与维护，在原有的模式下很难有所突破，于是研究企业的现状之后，提出了新的产业升级模式，按照合伙人体系来打造，最后设计了一个产业互联网模式，推行生产型服务平台和供应链服务平台，进行资源优化配置，提高了行业的效率，同时节约了社会的资源，取得了巨大的成功。

　　事实上，现在有很多企业正在进行转型升级，搭建产业互联网，建立生产型服务平台，与互联网、与 AI 人工智能、与产业大数据相结合，实现企业平台化的转变。这是一种全新的商业系统思维，能够不断地进行迭代。越是在行业陷入低谷的时候，越是要进行行业整合，做好社会资本的整合，抱团取暖，才能实现利益和价值的最大化。

第四章
合伙型组织的发展趋势

今天做企业已经告别了摸着石头过河的时代，已经到了造船出海的时代，以终为始来做好顶层设计，做好全局规划。先把未来的蓝图搭建起来，再制定详细的战略目标及实施路径，一步步地走向胜利。有了清晰的蓝图，会吸引更多的志同道合的人共同参与进来，企业发展的效率也就提升了。

过去，商业的竞争面临的环境都是河，水流不急，漩涡也不够深，大家都可以摸着石头过河，也没有太大的生命危险。但今天的商业竞争犹如大海，你永远不知道外面有没有惊涛骇浪，有没有海啸，大海中间有无数的漩涡，还有鲨鱼……所以今天不造船出海，摸着石头过河就会死掉。

今天所有的企业面对的都是海洋，空间无限大，危险也无限多，机会无限大，竞争对手也无限多。

从摸着石头过河到造船出海，是做顶层设计最核心的一种思想，从商业规划到战略规划，从资本路径到组织设计等这些局部打造，让利益相关者能够参与进来。进来之后了解、熟悉规则才能达成价值共同体。当架构好顶层设计，很多时候企业家未必能够支撑这个局面，这个时候就需要对应的组织进化，组织如果不能不断地迭代、不断地创新，就没有办法去支撑这个顶层设计。

合伙型组织的趋势可以从以下五个维度去了解：驱动模式、组织模式、人才模式、产业模式和资本模式。

驱动模式是从管理驱动走向了一种价值性的驱动，从上到下的压力传导走向了一种价值分享的驱动；组织模式是从管控制约走向内部的生发；人才模式是从任务的传达走向了合作的激发；产业模式是从供需关系走向整合共享；资本的模式则由单一通道走向多维共赢。

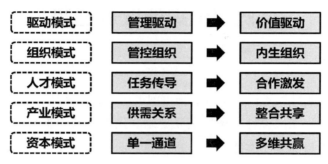

图 1-4

今天在面对组织的驱动、组织的管控、人才的合作维度都不一样，今天再也不能像过去一样从上到下做组织。鸡蛋从外面打破是压力，从内部打破是成长，是生命。组织也是一样，只有从内而外驱动，才能不断地驱动组织进化，引领利益相关者组成价值共同体。

很多企业家一边在做着商业创新，创想无限的合作空间与商业空间，另一边却还是沿用过去的管理方式，不肯共享手中的资源，获取最有利的部分。这样下去还有多少合作伙伴会留在生态圈一起合作呢？

我们一定要在顶层设计的同时进行组织进化。在打破产业边界的同时，也要学会打破组织的边界，跳出企业内部，从整个产业角度看，上下游协同的合作伙伴，也是组织的成员。外部的合作伙伴都可以变成我们组织的某种形式，比如说我们的产业模式，由过去的你是我的供应商，你是我的下游经销商，整合变成我们的合作伙伴，共享利益。

总而言之，在产业创新、组织变革、人力资本、产业新时代趋势下，产业趋向生态化、组织趋向平台化、内部趋向创业化。面对这个背景和未来的趋势，企业大多在经营管理上面遇到了巨大的挑战。业务要突破，团队管理要突破，企业经营要突破，是产业创新组织变成人力资本时代首要拥有的管理之道与经营之道。

因此，我们提出管理之道的核心在于激发。激发在于两点，一是共享，二是共担。

共享机制在激发层面发挥着非常重要的作用。

第一，员工利益优先股东利益，人力资本要大于物质资本，让真正干活的人能够享受更优先的利益分配机制。第二，合作利益优先于自身利益，空间换时间；今天的企业首要任务是把盘子做大、流水做大，企业先活下来，以后再谋求发展的机会和利润的空间，很多互联网的企业都是以空间换时间。合作的空间打开了，时间效应就慢慢显露出来了。战略型的企业家不会计较一次的得失，会坚持长期主义，赢得未来长时间的胜利。第三，共同富裕，从初次分配开始，企业在共同富裕上的最大贡献是培养中产阶级。企业通过体制的变革，让更多人能够成为中产阶级，通过合伙人机制的导入，让更多人成为合伙人，成为股东，成为中产阶级，实际上就是企业为共同富裕做出杰出的贡献。对内的共享要认识到人力资本的重要性，对外的共享要认识到空间和时间的思维。而对社会而言则是认识到共同富裕是基本国策，是社会趋势。因此，机制是手段，认知是根本。

而共担则需要共同付出，共同担当责任。打造组织过程中，共担也是必不可少的环节。合伙人有了责任感，就能够把公司的事业与自己的人生规划紧密联系在一起，能够达到无私付出的境界。共担不仅是利益上的制衡，更是一起奋斗的担当，比得到更让人奋发的是付出。因此要做到让合伙人能够有共担精神，我们需要让合伙人有身份认同感，使命责任感与牺牲精神。

企业经营中不仅需要顶层设计，还需要组织进化，顶层设计是引领，组织计划是支撑，一个引领一个支撑，那企业的整个局就做成了。同时，开放、平等、协作和共享型的体制机制也必须具备。没有平等就无法共担，没有开放就无法整合，做不了全局，没有协作就无法构建生态，没有共享就没有链接。

根据这些特征，一种合伙型组织应运而生。唯有合伙型组织是解决以上问题的，是能够让我们面对未来的趋势、面对未来的挑战，能够突破管理、突破经营的这一种新时代的组织形式。

如果把企业当作一个场景来打造，把组织当任务来完成，如何将员工和组织的效能最大化就是组织变革最大的战略意义。组织要改变，没有现成的模板。过去企业投资的产业因素有限，可以参考别人的模板，如怎样设定工资，怎样设定绩效，怎样设置组织架构等，只要照着做就行了。但是，现在的企业不能再按这个套路进行了，因为产业的多元化导致每一个企业都有着独一无二的商业模式和独一无二的组织模式，只有适合团队发挥的模式、有利于快速满足客户需求的模式、快速满足市场变化的模式，才是好的模式。

所以，企业一定要有大胆变革的思维，不应该拘泥于眼前，而是放眼于未来。尽管有了基本的逻辑和架构，但是在形式上可以大胆地创新，只要大方向是对的，能提高员工的效能，就是一种好的改变。没有什么是不可以的，只有不敢去做、不敢去想的变化。现在有很多大企业的组织体系仍然不断改变，有点变着变着甚至变回去了。比如小米，经历过互联网平台去中心化之后，重新变回到以前的职能化模式。这种变革看似在开倒车，原来就是做互联网的网络架构，突然之间又变回到事业部制。事实上，没有所谓的新与旧，只有合适与不合适。不合适的模式就不是好模式，需要进行变革。

现在产业在创新，组织在改变，没有一个企业能保证还是在原来的制度下进行发展，除非这家企业不想成为优秀的企业。因为在时代的驱动下，模式必须有一定的变化，才能跟得上时代的发展。所有的企业都在以人才为中心，以客户为中心，以提高效能为目的进行着变革，只有少部分的企业仍然固守着传统，最后被慢慢地淘汰掉。想要企业持续优秀，一定要进行组织的迭代变革，进行产业的创新升级。

第二篇

▽

合伙机制

合伙人有八大基础模式，包括创业合伙人、事业合伙人、门店合伙人、项目合伙人、用户合伙人、城市合伙人、资本合伙人以及产业合伙人。

（1）创业合伙人

俗话说，一个好汉三个帮。创业之初，单打独斗尤为艰难，并肩而行、相互扶持才是良策。在选择创业合伙人的时候，志同道合的价值观念很重要，工作能力和眼界也很重要。大多数创业者会选择知根知底的老同事、老同学、老朋友作为自己的合伙人，这种强大的关系纽带可以让大家在创业过程中互相扶持。在老同事、老同学、老朋友中选择同行进行合作更是首选，对于创业者来说，这是一种简单稳妥的选择。

（2）事业合伙人

事业合伙人通常定位的是企业内部的核心团队，比如核心的高级管理人员、骨干人员，包括业务骨干、技术骨干等。这些人来到企业后，刚开始薪酬是以职业经理人的方式进行设置的。随着企业的发展，就要开始考虑将这部分职业经理人转变成企业的合伙人，使其与企业达成一种共识，共同寻找企业的发展途径，共同完成企业发展的事业蓝图。

（3）门店合伙人

门店合伙人机制并不是每一种类型的门店都适合，有两种类型的店特别适合做门店合伙人。一种是需要总部支持的连锁店。比如大卖场、百货专柜、专卖店、便利店等，这种店最大的特点是产品统一采购或供给，提供标准化流程和运营系统，门店最主要的职能就是拓客和销售；另一种是品牌加盟的可独立经营的门店，比如KTV、餐饮店、美容美发、医疗、4S店等，这种类型的门店属于独立经营，销售服务当地化，需要大量的资金投入，依赖于本地化的运作，在性质上是一个独立经营的公司。

有些门店需要本地孵化，在寻找门店合伙人时，必须有一定的客户资源。在这种经营人脉的模式里，本地化和有客户资源的对象更容易做起来，甚至还需要投入不少的资金。在门店需要复制的情况下，可以尝试让店长、店员参与投资并协助新店扶持，以此来拓展业务，增加销售额。

（4）项目合伙人

项目合伙人有两种情况，分别是短期项目合伙人和长期项目合伙人。短期项目合伙人就是持续时间较短的项目，比如说施工的工程企业、园林工程、房地产建筑等项目都是短期性的，通常是一年或者两到三年就能结束的项目。这类项目具备时间周期，周期一结束，项目也就停止了。还有一种项目属于内部企业的孵化项目，公司的团队开始慢慢孵化出新的项目来，通过培育手段使项目不断地发展壮大，孵化出新业务，并具备独立经营的能力。这类项目最显著的特点是一旦成长起来，就是一个可持续的发展项目，甚至可以孵化出新的业务板块或公司，逐渐形成"一木成林"之势。

不同的项目所选择的合伙人是不同的。如果是单一项目，可以考虑项目负责人、核心管理团队以及其他的项目支持人员、配合人员，只要对项目有利的人员都可以是合伙对象；但对于长期项目来说，合伙对象的要求更加严格。一般是项目的核心管理人员、技术人员以及项目负责人，他们对项目的关注度和理解度更深，更利于项目的开发和推进。

（5）用户合伙人

在互联网时代，企业与用户之间并不存在绝对的界限。现在很多企业将消费者变成企业的投资者与参与者，通过这种方式来刺激消费者的消费欲望。早几年前，众筹非常火，有一些企业让用户成为参与者与投资者，获得了成功，但大部分企业都失败了，其根本原因在于，用户的需求与企业的需求没有进行合理匹配。不同的用户有不同的需求，不同的企业也有不同的需求，只有找到合理的匹配点，这种模式才能创造出价值。

（6）城市合伙人

当企业发展到一定阶段时，必然进行业务扩张。除了拓展新的业务模式，还有一种特殊的存在，就是从一个城市向其他城市扩展，实现跨区域扩张。企业在新的城市开设分子公司，使企业服务本地化，占据更多的市场份额。

企业从一个城市向另一个城市扩张业务时，会遇到重重困难。所以，大部分企业在业务扩张时，都会选择城市合伙人模式，与当地同行进行业务合作，能有效规避各种潜在的风险，同时借助当地同行在本地的业务能力，还能快速帮助企业打通市场，实现服务本地化。

（7）资本合伙人

资金是制约民营企业发展的重要因素。有的企业因为资金原因发展缓慢，有的企业因为资金问题陷入困境，有的企业因为资金问题破产清算，有的企业因为资金问题铤而走险。企业在发展过程中无时无刻不在与资金打交道，解决企业发展的资金问题是很多企业的首要任务。因此，一些企业结合自身的发展阶段及资金需求情况，找寻财务融资合伙人或股权投资合伙人，与资本合伙人形成利益共同体，通过资本合伙人解决企业发展所需的资金问题。

（8）产业合伙人

产业合伙人的主要模式是整合产业链的上下游，将企业的合作方与资源方发展成为合伙人，通过合伙的方式实现利益共赢。在选择产业合伙人时，要根据企业的合伙目的来进行，不同的合伙目的对应不同的合伙对象。

这八大合伙模式具有不同的特点和操作方式，对于不同的合伙人、不同的蓝图规划，所采用的合伙方式也不相同。

此外，这八大模式是合伙人的基础模式。既然是基础模式，那就意味着这些模式是最基本的，最基本的模式并不是一成不变的，它们可以幻化万象。这里有两个层面的意思：第一，合伙模式的变化。比如用户合伙人模式，它的操作方法和操作步骤可以发生变化，在实践过程中产生很多不同的想法，通过基础领悟创造出更多有价值的模式来，不断地创新和迭代。每一个模式都可以衍生出不同的变化。第二，合伙模式的相互组合。有些模式之间是可以相互组合甚至是转化的，并不是单一的存在，通过两个或三个模式的组合，能创造出更多的价值。比如项目合伙人的模式、城市合伙人的模式、门店合伙人的模式，在某些方面它们是重合的，可以相互参考、相互结合。每一种结合就是一种创新。所以，这八大合伙模式只是最基本的，每一个方式背后都有着新的变幻，又能通过组合产生更多的可能。

中力认为，考虑合作模式，要树立三个层面的立体思维：

（1）业务层面的合伙人带来点与线的成长

用户合伙人、门店合伙人、项目合伙人与城市合伙人在实质上有一定的差异，但是在特征上却有相同之处，它们都是为了促进企业的某一个点、某一条线，使其产生实质性的提升效果。它们都是属于业务层面的合伙方式，比如用户合伙人选择得好，直接业绩就能得到提升；门店合伙人用得好，门店的业务量就会上涨，成本就会降低，利润越来越高；项目合伙人用得好，也会带来业绩的提升，增加企业的效能；城市合伙人用得好，在新的地区市场中同样能带来业绩的提升。所以这四类合伙人模式都是业务层面的合伙人，他们实实在在地为企业的业务服务，并且产生立竿见影的效果。不管什么资本、格局和商业模式，都可直接带动点与线的成长。

（2）企业层面的合伙人带动整体公司的价值

除了业务层面的合伙之外，还可以在企业层面进行合伙。在公司整体层面打造的合伙人机制通常与企业的整体产业有关，拥有事业合伙人、创业合伙人与资本合伙人三类，这三类合伙人模式并不单独地考虑某一个点或某一条线，它们是整个面的合作，也就是关系到企业的整体运作。无论是事业上的合伙，还是创业上的合伙和资本上的合伙，所有的模式和方法所带来的效果是公司整体产生的价值。这是一种平面思维。

（3）产业层面的合伙人是产业协同的一种创新思维

对于一家上市公司而言，单单进行业务层面与企业层面的合伙远远不够，还需要拥有立体的产业思维，就是尽可能地将上下游的产业链打通。今天有很多产业合伙人，他们在产业创新过程采用了很多不同的模式，有些是模式的创新，有些是技术的创新，有些是跨界的创新，还有些是打通产业链上下游的创新，还有产业协同作战的创新。在创新的过程中，催生了大量的产业合伙人模式，他们跳出了点、线、面的维度，跳出了企业层面和业务层面，站在整体产业的大局上，采用立体的思维去看待事业的发展，看待合伙的方式。这是一种立体的思维，一举奠定企业在产业的地位，将企业带向更高的层次。

由此，在中力所提出的合伙人模式中，我们拥有了点、线、面、立体的思维模式，分别对应业务层面、企业层面和产业层面。在业务层面上拥有四个合伙人模式，在平面的企业层面拥有三个合伙人模式，在立体的产业层面拥有产业合伙人模式。这就是企业合伙时代的三大不同思维，每一种思维都有相应的规则，都能帮助企业创造更多的价值，不论是业务价值、企业价值，还是生态价值，都是在不同的维度上面解决企业现有的问题，使企业拥有更好的发展机遇和发展空间。

第一章
合伙打拼：基于核心团队的打造

第一节 创业合伙人：每一个成功的创业者
都是从合伙开始

今天这个时代再也不是单打独斗的时代，一家科技互联网公司从创立到上市也许仅仅需要两三年的时间。拼多多成立 3 年时间以 240 亿美元的估值在纳斯达克上市，趣头条从成立到上市也只用了 27 个月，蔚来汽车作为新生代的车企要颠覆传统车企的优势存在较大的难度，然而也只用了 3 年 10 个月就完成了纳斯达克上市，并成为中国新能源汽车的领军企业之一。

这些备受关注的明星企业，除了拥有互联网行业的红利，其本身创业团队的能力也不容小觑。在企业成立之后高速狂奔，组建团队、开发产品、快速融资，最终迈向上市。首先所有股东的价值观要一致，能够遵守同样的价值理念，在企业发展的过程中坚定方向，能够做到劲儿往一处使；同时合伙团队要具有互补性，能够从产品研发、产品制造、产品推广、资源整合、资本引入等各个方面对企业的发展作出贡献，并根据各自初期贡献进行股权比例的分配；其次，在企业发展的过程中，需要基于里程碑和贡献值对创始股东进行股权的动态调整。

1. 创始股东需价值观一致且互补

现在很多企业家都知道，合伙创业远比一个人创业的成功率要高很多。目前绝大部分企业都拥有两个以上的股东。因为时代促使成功的要素发生了根本性的改变。所有的创业型企业家都应该承认这一点。过去企业的成功更多的是依靠机会，所谓时势造英雄，当机会来临时，抓住机会就可能成功；接着是关系，有关系就有可能成功，人脉是成功的一个重要因素；最后是个人能力，老板个人能力出众，公司的发展就会很快，能力差一点，发展就慢一点。通常机会、关系和个人能力是创业成功的核心三要素。但是现在各行各业都处于白热化的竞争阶段，每一个竞争对手都有着成熟的经营状态，想要创业成功，必须根据时代特点深入思考。

第一个要思考的是模式。模式决定了在同样的投入下所能拥有的产能，不同的商业模式投入与产出比是不一样的。同样做百货超市，同样是一个亿的投入，不同模式下所产生的利润有着截然的差距，所以商业模式是创业的基础。

第二个要思考的是团队。随着时代的发展，个人的能力越来越有限，必须拥有一个强大的团队，只有团队的力量，才能创造更多的价值。

第三个要思考的是组织能力的支撑。企业的任何战略虽然计划得非常周详，最后还是需要组织能力去保障实施。

创业成功的因素由过去的单打独斗转变为团队合作。所以创业必须拥有合伙人，创业合伙人对企业的发展有着十分重大的意义。在过去创业过程中可能存在的问题、会遇到哪些障碍，必须考虑得一清二楚，提前做好规避措施。另外，在原有业务的基础上，再跟其他人合伙开辟新的业务，必然用到合伙人模式。那么，创业合伙应该怎样操作才能充分发挥作用？

通常在创业过程中，存在这样一个特殊的背景阶段，在这个阶段应该找什么人一起合伙，这是非常重要的一个问题。比如你懂业务，那么可能需要找技术性强或者市场经营管理能力强的人合伙。不同的人所擅长的领域不同，所以关注的点就不大一样。但有一点是相同的，那就是创业合伙人最关注的一定是有结果的人。比如技术人员，他的技术能力一定在别的地方取得过成功，得到过验证，取得了很大的成就。因为在创业阶段不可能培养人才，必须在某一领域拥有了成功的经验，才能对创业公司起到最大的帮助。在合伙过程中，特别是与有资源的人合伙，或者是有退路的人合作时，很难把事情做好。因为对方有退路，如果不能成功可以立即退出，很难做到患难与共。

雷军创业的前两年中，将大部分时间和精力都花在寻找合伙人这件事情上，原来他是金山的董事长，后来开始进入手机领域。但是在雷军进入手机领域前，他并不懂如何做手机，所以，他必须寻找一些拥有做手机经验的人来合伙。他在任何地方见到任何朋友，都会打听认不认识做手机软件的人，认不认识做手机硬件比较厉害的人。他通过各种途径，用尽各种方法，只为寻找到合适的创业合伙人。为此他列出了一个三四百人的潜在合伙名单，一个一个打电话过去约对方面谈。为了找到一个合适的手机硬件工程师，他前前后后约见了不少于四十人，有的欣然前往，有的执意拒绝。其中有一个工程师，他足足约见了 5 次，每次一谈就是一天，对方的答复却是还要认真考虑一下。后来在三个月内约见了 17 次，可是到最后对方觉得风险太大，还是拒绝了他。雷军并没有放弃，继续寻找合适的合伙对象，这才找到了周光平先生，他后来成为雷军的创业合伙人。雷军拥有八个创业合伙人，每一个人都在各自的领域里拥有了较好的结果。比如黄江吉，是前微软中国工程院开发总监；比如洪峰，是 Google 中国的高级产品经理负责手机整个软件；比如林斌，是前 Google 中国工程院研究院的副院长。正是这些合伙人为小米的发展打下了良好的基础。

在创业过程中，第一阶段要知道需要什么样的合伙人，第二阶段要知道在哪里才能找到这些合伙人，第三阶段要跟这些人建立合伙机制。雷军完成了这三件事，所以他的创业是成功的。小米的创业合伙人清楚自己的定位，知道关注点在哪里，明白将时间花费在什么地方才能拥有收获。

创业公司的股权分配通常由静态分配和动态分配两部分实际操作组成。静态分配就是在公司成立时有一个初始的股权分配，但是公司的发展是一个持续的、长期的模式，股权不可能一直保持相同的比例，必然产生动态的分配原则，才能保证各种人力资本、资金资本等因素在整个分配当中拥有比较均衡的分配权力，保证合伙人走得更远。

值得注意的是，在初始股份的分配中，依然必须有一个大股东，所持有的股份比例至少可以为51%，在相对控股51%的情况下，创业合伙团队持有34%的股份最为合适，因为在关键时刻，企业成也老板败也老板。在进行重大决策过程中，企业可能面临失控时，合伙人团队中能有一个理智的人站出来进行制衡。事实上在合伙过程中，股权激励的方式很多在于强调自己的控制权，但是必须为企业付出，控制权是一个禁区，一旦发生冲突，很可能带来致命的打击。所以，企业不能由一个人说了算，必须有一个团队可以投上关键的否决票。除了大股东和创业团队外，剩余的15%可以分配给事业团队，这是一个持续分配的过程，是企业发展过程中重要的股权激励手段。由此可见，51%、34%、15%也是一个比较好的初始股权分配模式。如果合伙人比较多，一个人无法拿到51%的股份，那么可以将分配的比例反过来，比如创业团队占51%，个人占34%，剩余的15%用作股权激励，一样是相对理想的分配方式。

2. 基于里程碑和贡献值的动态调整

创业合伙人的股权分配通常分为静态的初始股权分配和动态的预留股权分配，通常企业所预留的动态股权为总股份的1/3。创业合伙人中的动态股权分配主要由两个因素来决定，一个因素是里程碑，另一个因素是各个合伙人的贡献值。在进行动态股权分配时，首先要设定里程碑，即企业发展到一定阶段时进行股权分配，分配的比例应该以递减的方式来计算。接着确定对公司发展有帮助的贡献值，通过贡献值来计算每个合伙人在实现里程碑过程的贡献值，通过贡献值来确定每个合伙人的分配比例。值得注意的是，在分配时必须做到绝对公平，不能以股东的身份行使特权，破坏公司制定的标准。

在讨论这两个因素前，必须正视一个重要的问题，即动态股权分配的股份究竟来自哪里？在初始股权分配方案中，创始人在分配初始股权时，通常会预留一部分股份作为股权池，或者是放进期权池的期权值，由某一个人代持。所代持的这部分股份会根据合伙人的贡献定期把股份进行分配。除了这种方式外，还有一种方式就是在进行动态股权分配时，公司会进行增资扩股，比如企业达到某个里程碑后，必须进行股权的再次调整分配，这个时候应当对公司进行增资，增资的优先认购权是由每个合伙人的贡献值来决定。

（1）通过里程碑来设定股份预留的动态股权分配比例

动态股权的分配是按照里程碑来决定的，而不是按时间年限来进行分配的。这是因为假如按时间年限进行分配，第二年分配多少，第三年分配多少，这样设计存在着许多弊端。因为每一个合伙人都清楚分配的节点，很可能这一年当中公司并未取得太大的发展，意味着股东的贡献无法在结果上体现出来，这个时候进行股权分配是没有意义的。公司只有成长起来，股权的分配才有价值，所以采用里程碑的方式来设定分配的节点是最好的。因为里程碑代表着公司的发展规划和目标的实现，达到目标之后，才能根据每个合伙人在目标中的贡献值进行整体评估，确定最终的分配方案，而且整个动态股权的分配与公司的战略结合起来了。如果公司在一年当中取得重大的发展，完成了两个里程碑式的突破，那么一年之内就要进行两次动态股权分配。

在进行股权分配时，可以通过递减的方式来确定达到里程碑之后的分配比例。如果公司设置了三个里程碑，那么预留的股权要分三次进行分配，所以每次的分配比例应当为 1/3 的 1/3。第二次进行分配时，意味着每一次分配的比例就是分配剩余部分的 1/3，意味着第一次已经把这部分分配完，剩下的部分再来进行第二次分配。无论哪一种分配方式，其算法应该基于一个特殊的思考点，就是初始预留的股份。这个股份可以预留一半，也可以是 1/3，应该根据公司的实际情况灵活设计。假如在分配时按照逐次计算的方式进行分配的话，在第一次进行分配时，所分配的比例为 1/3 的 1/3，大概为 11.11%。第二次分配的就不是 11.11%，而是剩下 2/3 的 1/3，即 $1/3 \times 2/3 \times 1/3$，大概为 7.41%。同理，第三次分配时，所得到的分配比例大概为 4.94%。这里面出现了一个规律，即每次分配的比例都在逐渐下降，越到后面所分配的比例就越少，意味着股权的价值越来越高了。这个时候再根据企业的发展规模设置里程碑四、里程碑五等，所分配的比例同样按上面的方法进行推算。

（2）通过贡献点来计算每个合伙人的贡献值

第一个贡献点：未领取的工资

在整个创业合伙人阶段，为了企业的发展，有些合伙人可能放弃了高薪，全心全意投入到合伙公司当中。这些合伙人本身的薪资较高，当他来到合伙公司后，如果还拿着本职工作的年薪，那么将对公司带来巨大的成本压力。在这个过程中，他们可能会放弃个人短期的利益，获得较低的薪酬。于是就存在一种情况，就是合伙人本身所产生的价值与他所获得的回报产生了差值，这个差值应当记到他的贡献值里。比如合伙人在别的企业可以拿到 100 万的年薪，但是在合伙公司里只拿 20 万的年薪，剩余的 80 万年薪他没有领取，应该成为他对公司的贡献值。如果合伙人不要年薪，那应当转化的贡献值就是 100 万。假设一个贡献值是一块钱，那么就是 80 万个贡献值或 100 万个贡献值。

第二个贡献点：物资和设备

在公司成立初期所需要的物资和设备会存在不齐全的情况，这时有的合伙人将自己的车和房子先拿出来供公司使用。比如马云在自己家里办公，那么可以将房子计算为一个贡献值，根据相应的租金来计算。随着业务的发展，需要进行接送，必须购买一辆接待车。买一台接待车会给公司带来成本，这时有合伙人将自己的车拿来给公司用，想法子帮公司省下了一笔开支，那么这笔开支所转化出来的金额应该记到贡献值里。比如市场上一台车的租金是多少钱，就可以根据这个金额计算它的贡献值。

第三个贡献点：人脉关系

人脉关系在合伙公司发展阶段十分重要。比如某个合伙人认识的人能给公司带来巨大的业务资源，这些都应该计算贡献值。不过人脉关系有一个特点，就是有可能兑现，也有可能兑现不了，有可能给公司带来价值，也有可能带不来任何价值。所以，在计算贡献值时应该计算那些已经兑现价值的人脉关系，也就是说通过合伙人的人脉真的为公司创造了价值。比如带来一个亿的订单，可以按一个亿的订单提取佣金，再将佣金计算为贡献值。

除此之外，还有商标权、著作权、专利技术和非专利技术等都可以折算成具体的价格，计算出相应的贡献值。所谓商标权，就是按照注册成本或在一定期限内按销量计算商标的使用费。著作权就是以"版税"的方式计算贡献值。专利技术和非专利技术包括与发明人可分享的技术：评估专利技术未来给公司带来的价值；不可分离的技术：采用不计量的方式，直接体现到合伙人的工资当中。这些贡献值必须有现金才能形成互换，必须用现金来衡量贡献值的大小，如果不能用现金来衡量的贡献值是没有办法计算贡献值的。

另外还有办公场所、土地、厂房，可以按市场的租金水平计算贡献值。至于兼职合伙人，比如精通法律给公司提供法律上的支持，那可以按市场聘请律师的标准来计算贡献值。合伙人没有拿这部分费用，但是这部分费用可以转化为贡献值。其他的，比如个人资产对公司进行的担保，也可以按照担保费用的市场价格来计算贡献值。还有一些贡献值有一个特点就是，每年都可以根据合伙人当年所承载的岗位或部门所做出的工作绩效，或者合伙人当年的工作成绩来进行分配，将分配后的比例或金额也计算到他的贡献值里。

（3）通过贡献值来计算每个创业合伙人的分配比例

在计算清楚每个合伙人的贡献值之后，对公司整体情况就有了十分清晰的了解。通常当贡献值累积到一定程度时，会给公司带来质的改变，也就是达到了设定的里程碑，这时可以根据每个合伙人的贡献值来进行股权分配。比如公司发展到第一个里程碑，进行动态股权分配时必须严格按合伙人的贡献值来进行分配。进行股权分配时，将这一阶段每个合伙人的贡献值积累起来，比如 A 积累了 10 万个贡献值，B 积累了 15 万个，C 积累了 5 万个，D 积累了 2 万个。把这些贡献统计出来，接下来计算这一阶段公司的总贡献值，四个合伙人对公司的总贡献值为 32 万。在分配时，将每个合伙人的贡献值除以总贡献值，就能得出相应的分配比例。比如 A 的分配比例，就是 10 万除以 32 万，即 31.25%。若第一个里程碑所分配的股份比例为 11.11%，那么 A 实际分配到的股份比例为 31.25%*11.11%，即 3.47%。3.47% 就是创业合伙人在第一个里程阶段应该分配到的股份比例。其他合伙人的股份比例也可以通过这个方法计算出来。在这个方法中，必须明确每个合伙人在里程碑阶段对公司所做出的贡献值，才能精准计算出分配的比例，而且每个合伙人的贡献值与他们应得的股份比例关联起来，贡献值越高，所占有的比例就越高。

（4）公平是创业合伙人进行股权分配的根本

在创业合伙人当中，整个股权的分配是由静态的初始股份和动态的预留股份组成的。静态的初始股份通过合理分配之后，在公司的经营过程中，又持续不断地对整个股份的分配进行动态的调整。在调整的过程中，每个创业合伙人的股份都是增加的，而且是没有办法减少的。如果有的创业合伙人没有增加，也就意味着他所持有的股份减少了。通过这种动态与静态相结合的分配体系，能解决创业合伙人在创业过程中保持股权比例的相对合理性。事实上，因为创业合伙人之间的股权分配不合理经常导致合伙人与创业股东之间出现各种矛盾，最终不欢而散。所以，整个分配机制必须事先明确下来。

当合伙人参与进来之后，对他的股权进行相应的调整，或者进行职务上的调整，这些根据事先设置好的体系来进行就行了。但是合伙人不仅是公司的股东，也是对公司有实际贡献的人，在很多时候必须更积极主动一点。很多公司的股东与职务体系是分开的，也就是说因为创业合伙人是公司的股东，在职务体系中占有一定的特殊性。其实在公司的经营管理过程中，应该按照职务体系、绩效体系、经营体系进行下去，跟股东并没有关系。如果股东在企业里搞特殊，擅自进行职务上的调整，最终会损害到企业和其他合伙人的利益，导致企业各方面因素的不平衡。所以，合伙人应当有这样一种意识，建立公平公正的合伙人体系。在这个体系中，合伙人应当起到带头的作用，给其他人树立好的榜样。

3. 动态股权分配的六个要点

动态股权分配机制有利于公司的长远发展。在实施的过程中，必须注意六个要点：

第一，做到公平公正。这套分配机制是面向每一个创业合伙人的，而不是其中某一个合伙人，所以必须确定它的公平性，不能因为这是大股东制定的就能欺负后来的小股东，每一个股东在里面都应当处于平等的位置，即基于里程碑和贡献值来进行股权分配。

第二，必须做到开放透明。每一个合伙人在这套机制面前的调整依据都是一样的，没有人是特殊的和例外的，在分配前每一个合伙人知道如何进行分配，并通过了股东大会的表决。

第三，应该做到可进可退。在实际合作的过程中，可能因为各种原因，有一部分合伙人想要离开或退出，这时必须设定合理的退出机制。比如在中间退出，还没有达到下一个里程碑，不管他有没有贡献值，这部分贡献值是不能兑现的。

第四，必须体现差异。因为每个合伙人的情况都不一样，有的出钱有的出力，所以面对不同的情况应该有不同的调整方式。比如外部的合伙人，前期出了钱，又不负责具体的经营；还有的合伙人不仅出了钱，还为公司导入了资源。所以应该根据合伙人的不同，根据可能发生的情况设定合适的贡献值，充分体现每一个合伙人的差异性。

第五，操作应当简单。股权分配的方式不能过于复杂，因为在创业初期最重要的精力应该放在企业的发展上面，而不是怎样分配股份。只有企业发展起来，所占有的股份才会产生出理想的价值。有些创业合伙人在股份分配上设置得十分科学，可是到最后公司没有做起来，一切设置都没有价值。所以，股权分配的方法越简单越好，基本上是上一个年度做了什么，中间发生了什么事，进行一次匹配，基本上就能确定如何合理分配股权了。

第六，应当合法合规。比如之前进行预留的股份，必须由代持人签订相应的合同。因为这个股份将来是需要进行分配的动态股份，如果没有相关的协议，那么这部分股份很可能会用作其他用途，所以最好约定在协议里。

除此之外，应当设置优先认购权，即在股份分配过程中，很可能出现股份转让的情况，每个股东应该具有优先股份认购权。比如达到第一个里程碑时，有的合伙人想要转让自己的股份，这时其余的合伙人应该根据自己所持股份的比例优先购买，这是公司赋予股东的权利。如果大家认同这个方案，那么要签订一个协议，即是部分放弃股权的优先认股权，这说明这种股份不是按照法定意义上的股权认购权来决定，而是按照贡献值来进行的，意味着在进行股权动态分配时所占的比例会有所提高。

事实上，追求利益和规避风险是创业合伙人非常重视的两个因素。在设定机制也好，在合伙过程中也好，应该保持对这两个因素的基本理解和尊重。所以要遵守规则，尤其是总负责人在这个过程中要起到带头的作用，不能因为这是自己制定的规则，运行下来后发现对自己不利就不去遵守。如果这样，那么合伙就没有办法继续下去。所以，总负责人必须起到带头的作用。在合伙过程中，合伙人的离开和流失是非常正常的。因为在创业初期，合伙人将事情的结果想象得特别美好，可是实际上想要达到里程碑，需要经历各种困难和挫折。这时有些合伙人可能会丧失信心，有些合伙人觉得外面有更好的机会想要离开，还有一些合伙人不看好公司未来的前景，包括对理念和风格的不认同，或者不能胜任现有的职位等。这时必须面临合伙人离开的问题。

合伙人的离开分为两种情况，一种是自然离开的，一种是损害公司利益或者不能胜任的。这两种情况应该分别对待。在设定的退出通道里，合伙人选择离开，那么他的股份必须由公司认购回来，如果资金充足的话，可以一次性拿回股份，如果资金不充足可以设定相应的认购年限。这就是说，如果创业合伙人离开创业团队，那么他所持有的股份必须交出来，由公司回购。对于那些在合伙过程中损害公司利益的合伙人，在退出时必须设定相应的惩罚机制，以原始购买价格结合公司的实际情况确定回购价格。吴长江创业时，与几个合伙人一起创立了雷士照明，但是在一系列的经营管理博弈过程中，吴长江损害了公司的利益，最终他受到了应有的惩罚。因为公司一旦成立之后，就拥有了独立的法人主体，公司所有的权利都是通过股权来实现的，公司的财产就是公司的资产，是不能轻易或随便挪动的。

当合伙人退出时，公司需要支付大量的现金，如果公司没有足够的现金怎么办？既然合伙人必须退出，那么他所持有的股份是必须回购的，在回购的时间上，可以适当地拉长。比如拉长到以四年或五年为一个周期进行支付，公司每年回购25%，这样就能降低公司在回购股份时一次性支付的资金压力。所以要事先设定好退出机制。对于损害了公司利益而导致退出的情况，应当按初始投资金额，年付一定百分比的收益率进行回购。因为他损害了公司的利益，必须按最低的标准给他。当然事先股东要明确补充协议，把每一个可能的情况都考虑在内。比如有一个投资机构发现某公司发展不错，于是有合伙人将自己的股份卖给他们。假设公司的实际净资产只有一千万，但是在进行估值时却按一个亿的标准来进行回购，如果有人将手中的股份转让出去，那么未来的压力交给了留下来的人。因为估值是基于公司的未来价值进行判断的，而不是当前所处的价值，所以按照未来的价值退出是极不合理的，必须进行一定的约定。如果有投资机构进来，那么退出合伙人的股份应该按约定好的价格进行回购。

【经典案例】小米的新"中国式合伙"

不是每个人都适合创业。对于创业来说，成功最重要的元素首先是团队，其次才是产品。毕竟，有了好的团队才有可能做出好产品。一时的成功，可能只需一个点的爆破，如好的市场、核心技术、极致的产品等；但如果需要持久的成功，一定是一个大的系统，来自多方面的协同支撑和相互促进。系统的合伙机制和优秀的团队组织，是小米高速发展的根基和支撑，伴随小米历经创业、高速成长，整合扩张到上市，再到生态布局，一路顺利发展、所向披靡。小米的成功，就是在"事在人为"下合伙机制的有效驱动，具体说来有以下几点：

一、找对人

能用人者，无敌于天下。但在"用人"之前，"选人"是前提条件。小米初创团队的"豪华阵容"，离不开雷军在金山16年的摸爬滚打和多年投资人练就的"火眼金睛"。正是因为这样的器重和付出，才让小米一开始就聚集了如谷歌、微软、摩托罗拉等世界级头部企业的高端人才，以及曾在金山并肩作战、知根知底的好兄弟、高校主任等，江湖号称"八大金刚"，可谓是先赢在了起跑线上。他们之中既有本土系也有海归派，大家在专业技术、管理能力上可以实现比较好的优势互补和强强联合。由此可见，创业不仅需要足够的决心，更需要足够的投入和足够的用心，才可能去挑选、去说服、去组成一支好的团队，以夯实未来"扬帆起飞、乘风破浪"的能力。

二、分好股

创业之初，雷军一开始只持有公司不到40%的股份，在上市前不考虑股权激励稀释尚持有公司约31%股份，给未来的发展预留了较大的空间。其中初始八位合伙人中最低也持有6%的股份，内部分配的差距性并不大。除了几位核心的创始股东外，在一些希望能投资公司的员工影响下，雷军被大家诚意感动，给内部创业团队开放了投资机会，共获得早期员工75名共1400多万元的投资,通过全员持股全员投资,让小米真正成了大家共同的事业,荣辱与共。在2018年小米上市之时,粗略估算大部分人都身价过亿,真正实现了财富自由。

三、合人心

人心亦是人性。即使是一个激励方案,针对不同的激励对象,也会有不同的需求和关注点。毕竟,不同的人才,对于未来的发展、当下的生活压力等都不一样。所以,小米尊重每一位人才的不同需求,对于后来加入的员工,公司会给到员工三个不同选择:第一,正常市场行情的现金工资;第二,2/3的工资,然后拿一部分股票;第三,1/3的工资,然后拿更多的股票。结果,有10%的人选择了第一和第三种工资形式,有80%的人选择了第二种。不同的选择方式,强化了团队的参与感和主动性,更体现了公司对于人心、人性的尊重。

四、明规则

1. 激励方案规则清晰

小米股权发放都有完整专业方案,股东一开始进入就有清晰明确的规则,包括限制性股权／期权如何分配,退出如何处理,并通过法律文件落实到位,而不是空头承诺。这样一来,不管是哪个股东进入,在股权发放的时候都有章可循,有着明确的方向、准确的节奏,以及成熟的套路,让团队没有了这方面的后顾之忧。

2. 退出回购方式明确

雷军曾多次表示,公司在5年之内没有上市计划。但当时小米团队薪酬收入不算高,为了保障团队的收益,小米实行了股权的回购变现方式,由激励对象自愿选择,以平衡短期利益和长期利益间的冲突。另外,合伙人的"迎来送往"也是创业中正常的新陈代谢。对于那些退出的联合初始合伙人,小米遵守契约,保留了他们的股份,始终带着一颗感恩之心铭记着那些并肩作战的艰苦岁月。

3. 机制调整优化

在小米上市之前，内部还出台了一个新的"奖励计划"，表示若早期股东再留三年，会增加一定比例的奖励。这样一来，一方面可以促进创始团队的继续留任，以缓解其财富自由之后的"三年不干活"的魔咒；另一方面可以更好地保障新老员工的交接继任，让更多新血液更好地融入核心团队中，焕发创业第二春。

五、懂控制

小米在成立 8 年后，于 2018 年正式在香港主板上市，成为港股推行"同股不同权"计划第一单。在其招股书中显示，小米正寻求同股不同权的架构，公司股本将分为 A 类股份和 B 类股份。其中，A 类股份持有人每股可投 10 票，B 类股份持有人每股可投 1 票。其实，在上市之前，小米早已经实行 AB 股计划。通过双重股权架构，雷军 31.41% 的股权却能享受比例超过 50% 的表决权，保障了其核心控制权。

有人说，雷军是个野心家，他在小米的商业布局上很有"套路"，从手机、到平台再到造车……也有人说，雷军是个梦想家，他集合了人才、资本和资源甚至是粉丝，实现了大家的梦想和期望，将梦想变成了现实。回看小米一路的发展历程，其新"中国式合伙"取得了很大的成功，减少了内部的剑拔弩张，也降低了英雄四散的风险，并带领公司到了新的发展高度，给众多创业者提供了一个优秀的范本，非常值得借鉴。

第二节 事业合伙人：让企业股东与职业经理人共担共享

1. 企业发展事业合伙人的目的

把职业经理人转变为事业合伙人，通常有以下几个目的：

（1）激发员工的创造力，保证工作的积极性

通过事业合伙人机制的建立，将员工打工的心态转变为当老板的心态。在过去，员工抱着打工者的心态，公司的盈利与自己没有关系，所以只拿工资就行了。但是通过事业合伙人模式，将公司的基本效益与员工的个人利益关联起来，形成了事业利益共同体。

（2）给员工强烈的归属感和获得感

有一家公司的老板在选择人才时，设计了一个十分有趣的问题。在面试时，他会问应聘者，你愿意拿相对稳定的工资去打一份工，还是拿着公司的股份成就自己的事业呢？其实这个问题就是为了寻找合适的事业合伙人，看他们是否有创业的心态，去争取创业的机会。通过这种方式，老板成功招募了很多有才能的人，因为这种方式带给对方荣誉感和归属感。

（3）最大限度吸引和保留优秀的人才

过去很多企业比较重视培养人才和引进人才，但是忽略了一点，如何把优秀的人才保留下来，而不是培养好人才后，人才离开了企业，为别的企业所用。有一个企业老板曾经因为这件事很头疼，因为他发现很多同行的竞争对手都是从他的公司走出去的。如果采用事业合伙人模式，就能最大限度地留住这些人才。

（4）促进业绩提升和企业的持续发展

通过事业合伙人模式能最大化激励员工的积极性，让员工拥有主人翁意识，他不再是打工者，而是企业的持有者，在工作上更加积极努力，想办法创造出更多的业绩。而且，每一个事业合伙人代表着一个成功的盈利点，当每个盈利点都做好时，企业的业绩自然会得到提升，也可以创造更多的利润，促进了企业的持续发展。

（5）靠机制解放老板，创造共赢格局

很多企业家觉得做企业非常辛苦，凡事都要亲力亲为，所以他们希望有一种机制，通过好的激励方法让团队主动担当起来，提升他们的积极性。我们见过很多企业负责人为公司发展付出一生，却找不到适合的人和团队去传承，只能被动地坚守，又不敢放手。所以，必须想办法将老板从事业中解放出来，培养团队的担当意识。

首先，要适当放权，就是让员工拥有一定的股权，能参与企业利润的分红中来。如果员工只是抱着打工的心态，他的担当意识相对有限；但当他转变成老板思维时，其担当意识会强烈起来。但是建议老板退出前线不能过早，必须在条件成熟以后才能退出。一般来说，老板不是不愿意放权，而是授权意味着一种能力的承担，即需要员工有足够的能力承担下来。所以授权取决于建立一个良好的机制，包括激励机制和管控机制，既能放权，也能收权，而不是到最后无法收回。其次，必须拥有强大的团队，如果团队里没有优秀人才，那么不适合放权。有些老板放权的时机选择不恰当，往往在退出半年之后，公司发展十分狼狈，只得重新回到公司。

总而言之，企业将职业经理人转变成事业合伙人，能将老板从企业中解放出来。让管理团队帮助老板管理企业，通过建立激励机制和管控机制，实现事业合伙人与企业的利益捆绑；员工从打工者转变为企业利益的分配者，能最大化保障工作的积极性，建立归属感和荣誉感。以此来提升企业业绩，实现持续化发展，创造共赢格局。

2. 事业合伙人的选择机制

在选择事业合伙人的时候，我们要斟酌三个问题：第一，需要什么样的合伙人？第二，需要多少合伙人？第三，准备合伙多久？

在事业合伙人当中，有着明确的职务体系界定。按照职务确定哪些人可以成为事业合伙人，尽管这种方式不是最科学的，但相对它却是比较清晰有效的。因为在企业当中，人的能力有高有低，职务也有高低之分。无论哪种情况，人的责任、能力和承担意识都与本身所处的岗位进行匹配——毕竟事业合伙的初衷也是为了促进企业更好更快地发展。

所以，岗位是选择事业合伙人较为关键的因素。岗位是按照传统组织的金字塔式组织架构所确定的具体位置。现在有些企业已经实现了去中心化，做成扁平化的平台组织，但是在很多民营企业做得并不成功，更多的还是沿用这种金字塔式的组织模式，基本上从总经理、职能经理、主管、员工一级一级下来，所以在选择事业合伙人时，要看合伙人的范围是在哪一个层级。无论是职能制或扁平化甚至其他创新的组织模式，一般来说内部的事业合伙多以企业高管、核心业务人员和关键技术人员为主。在确定岗位层级和角色分工之后，再基于岗位上的人员确认其工作能力和专业水平，如果胜任力足够，再结合其他如司龄、价值观等要求，符合条件的对象就是合适的事业合伙人。

在确定合伙人的数量以及合伙的时间上，需要结合公司的发展规划来做考量。界于目前 VUCA 时代下商业环境的复杂性和多变性，企业的战略规划周期不宜过长，一般多在 3~5 年之间。基于公司的发展规划和时间周期，来确定所需要的支撑团队和合伙时长。但合伙模式并非一蹴而就的，可以通过多次、多阶段的方式来进行事业合伙。

以万科地产的"事业合伙人"为例，主要是在以下岗位中选择合伙对象：董事会成员、监事以及高管和地方公司高管；集团公司总部一定级别以上的雇员；地方公司一定级别以上的雇员；由总裁提名的业务骨干和突出贡献人员。但有的公司并非以岗位来选择事业合伙人，而是寻找那些价值观认同感强烈的员工来一起打拼事业。

3. 事业合伙人的进入机制

事业合伙人的选取需要设定进入机制，我们在设计过程中遵循的原则是"不是让所有的人都成为公司合伙人，但要让所有的人都能看到成为事业合伙人的希望和路径"，以保障标准科学、路径清晰，程序公平公开，选取公正。

（1）由两名事业合伙人提名候选人

在很多企业项目服务中，在设置合伙机制时，大多数企业都比较接受有一个"预备"合伙人的阶段，少则半年多则一年不等；类似于入党前的预备党员，有一个考察、确定的过渡阶段，也可避免如在引入高端人才时因为前期要求配置股权，但在实际过程中人才和企业匹配度不理想而引发的损失。

如果公司之前没有实行过事业合伙人，那么第一批合伙人一般是由公司负责人、公司股东和了解公司情况的长期顾问共同提名产生，其合伙对象多为老板和股东们比较了解熟知的公司核心管理成员、业务骨干和技术骨干等。

但随着公司的不断发展壮大，管理团队规模扩大、层级增加，在后续发展合伙人的时候，要求成为预备事业合伙人必须至少由两名事业合伙人提名。为什么要由原有的合伙人提名？因为在过去的很多企业里，可能以前做过类似的股权激励模式，当时激励的对象一般是由老板来决定，而当时一般公司规模不大，团队的付出和贡献老板都能清晰地知悉了解；但如果还是以股东或者老板来确定合伙人成员纳入，会出现部分人员在老板面前表现得很敬业，但是到具体工作当中时，又是另外的一种情况。同时，当公司规模大了以后，真正有付出，有能力的人才，公司老板和股东不一定都能看得到。但如果由至少两名合伙人提名，能多角度相对准确地了解申请人的具体状况，知道他做过哪些事情足以让他获得成为合伙人的机会，也可以让希望加入合伙人团队的成员从以往"服务老板"的意识转变为"服务团队"的意识，以实现整体团队的合作共赢。

（2）候选人提出书面的合伙申请

在实际操作过程中，首先要把机制设计清晰，拥有明确的事业蓝图。当企业把合伙模式、合伙机制设定清楚后，只需要进行宣导解释就行了，至于愿不愿意加入事业合伙人的行列，对方有自行选择的权利。

但是，很多企业进行股权激励时，员工可能选择不要成为激励对象，因为他并不觉得股权有价值。想要更多的人参与进来，企业的未来价值必须拥有足够的吸引力，这样大家才会踊跃参与。在合伙人选择中，让别人认可这件事，认可这份事业，认可这家企业，认可企业的股权价值，才显得有意义。那么问题就变成了：怎么样获得这些认可？获得认可的关键在于设计事业蓝图。

设计事业蓝图，能够让拟合伙对象觉得公司有前景，认可未来发展的空间和价值。而且股份建议要进行出资认购而不是免费"派送"。如果不肯出资，也从另外的角度说明拟合伙对象对公司未来的发展信心不足或者不够认可，也是进一步筛选合伙人的一种方式。但是员工出资后，可能不放心，因为员工不清楚公司具体的财务状况，所以公司也要进行规范化管理，定期公布公司相关数据和文件报表等，让合伙对象有较强的安全感和系统保障。公司层面也能获得合伙团队的认可和支持，双方达成了共识，合伙才有意义。

如果采用安排给予的方式，并不是他发自内心想要的东西，对于股权也未必珍惜，所以一定要让对方主动书面申请，尊重优秀人才的意愿，也欢迎他们主动选择。

（3）预备合伙人晋级为事业合伙人的条件

预备合伙人最好是有一定的门槛，如公司主任级或者主管级以上的管理人员、一些核心技术骨干、核心销售骨干等，但前提是必须认同公司的愿景与价值观，符合公司合伙人机制的相关标准，还要具备良好的职业素养和专业能力。只有这样才是合格的预备合伙人。但是想成为正式的事业合伙人，预备合伙人还必须满足以下三个条件：

① 提出合伙人申请且预备期满一年的预备合伙人；

② 预备期内未出现重大违纪，且工作绩效良好；

③ 全体事业合伙人一定比例（如 2/3）以上表决通过。

从中可以看到，事业合伙人的门槛进入条件设计得非常严格。只有先成为预备合伙人，才有资格成为事业合伙人。预备期实际上是对预备合伙人的一种考察，在一年之内进行内部审核公示，之所以要公示就是为了让更多的事业合伙人形成监督，杜绝一些私下里的行为。然后由所有的事业合伙人进行投票表决，只有获得超过一定占比的票数才算通过表决。通过这种机制，将事业合伙人的进入条件交给全体合伙人，不再是老板一人决定。

4. 事业合伙人的退出机制

有进入机制，就有退出机制，进退明确是有效执行事业合伙人的基本保障。一般来说，对于事业合伙人的退出，主要是两类情况：

一种是"正常"退伙，即在正常情形下的合伙人退出，可细分为个人退出和集体退出两类场景。对于个人退出而言，主要涉及因个人原因引起的退伙，包含不限于因为离职、换岗、个人自愿退出以及因身体、死亡等丧失行为能力等引起的退伙场景。公司可依据不同的退出场景设定不同的退出和股权回购机制，可按公司现有价值分为现值等利、现值有利或现值不利三种计价方式进行，依照入股当时的协议约定来落实退出机制。对于集体退出，主要是在公司合伙周期结束股份统一回购，或公司业务变动引起的架构调整和持股变更以及涉及收购并购等场景。一般来说是公司统一的、整体的行为，如华为 TUP 激励计划下的股份回收，以及有些公司因为业务变化调整而引起的合伙变化等客观条件引起的正常退伙。

另一种是"非正常"退伙，主要针对合伙人因故意或者重大过失给合伙企业造成损失、有不正当行为、发生同业竞争、收受贿赂等损害公司利益和品牌影响力等造成的强制退伙，在弥补公司损失的同时依法承担违约责任。如上市公司安徽建工、爱旭股份披露的"1元回购"，就是因为业绩对赌失败而触发的股份回购补偿。

但无论是正常退伙还是非正常退伙，针对不同情况的处理方式都需要提前在协议里约定好，同时在财务和税务等处理上必须合法合规，以保障退出约定的合法性与有效性。

【经典案例】阿里巴巴：湖畔花园里的合伙神话

1999年，"十八罗汉"在西湖湖畔"结义"，开启了阿里巴巴的创业之途。十年后，在2009年阿里巴巴集团十周年的晚会上，18位创始人集体辞去"创始人"身份，以面向未来重新创业的状态，宣布用"归零心态"重新出发。次年7月阿里合伙人制度正式出台，"湖畔Partner"拉开了阿里巴巴合伙人的序幕，以推动阿里巴巴使命和价值观的传承，让阿里巴巴能真正成为一家持续发展102年的企业。

2014年，阿里巴巴正式对外宣布了集团的27位合伙人，之后的合伙人员不断有进行变化和更替。阿里巴巴的合伙人制度是当时在国内除华为股权激励之外做事业合伙制最早的、也是最成功的公司之一。回顾阿里集团这20余年的发展，正因为这样的一群合伙人和这样特别的合伙组织，才推动、促进和成就了阿里巴巴在世界范围内都有巨大影响力的商业帝国。纵观国内的现代商业历程，很多有影响力、规模化的民营企业，都采取了合伙或类合伙的模式，去吸引、去凝聚、去激发了一个个有战斗力和有前进动力的优秀事业团队，实现了伟大的成果和长远的发展。

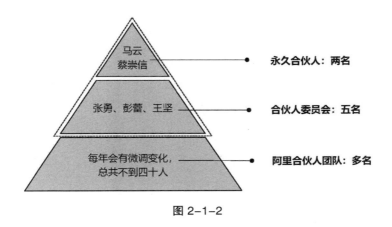

图 2-1-2

　　阿里巴巴的合伙架构主要分为三层，第一层是以马云、蔡崇信为核心的永久合伙人。第二层是合伙人委员会，主要拥有新合伙人的提名与选举安排、董事提名推荐、合伙人年度现金奖励分配三项主要权利。委员会成员由至少 5 名至多 7 名合伙人组成，除了合伙委员会连续性成员（马云、蔡崇信）外，合伙委员会成员的选举每 3 年举行一次，可以连选连任。之前阿里合伙人委员会是由 6 人组成，因 2022 年井贤栋卸任蚂蚁集团，同时也退出阿里合伙人团队，不再担任合伙人委员会成员，目前由马云、蔡崇信、张勇、彭蕾、王坚 5 位组成。第三层是阿里的全体合伙人成员，每年会有一些微调和变化，有人员的进出调整。从近 3 年阿里年报披露的信息来看，阿里合伙人的团队一直没有超过 40 人，按目前阿里 25 万余员工的数据对比，阿里合伙人可谓是"万里挑一"的存在。不单是深藏"功与名"，更是实现了"名、权、利"三者之间的动态平衡。

　　一、有"名"，出类拔萃：符合条件的合伙人需进行提名和选举方可纳入

　　阿里巴巴合伙人主要由合伙人委员会提名选举产生（详见合伙治

理章节内容)。每年合伙人委员会会进行新合伙人的候选评估,从人品、司龄、能力、业绩和文化方面展开,需展现以下特质、符合以下条件:

(1)拥有正直、诚信等高尚个人品质;

(2)在阿里巴巴集团、关联方及与阿里存在重大关系的特定公司(如蚂蚁金服)连续工作不少于5年;

(3)对阿里巴巴集团业务做出贡献的业绩记录;

(4)作为"文化传承者",显示出持续致力于实现阿里的使命、愿景和价值观,以及与之一致的特征和行为。

合伙人委员会在对满足条件的提名对象评估通过后,再向全体合伙人提名候选合伙人并落实参选。候选合伙人需经75%以上的全体合伙人批准后方能当选,以保障合伙人的责任担当和整体认同。所以,阿里巴巴的合伙人属于组织中金字塔的顶端,需要满足多个条件方可纳入,其本身就是一种身份的象征。

二、有"权",保障治理:有董事提名和委任权

根据阿里巴巴的《公司章程》,阿里巴巴合伙人拥有提名(或在有限情况下委任)董事会简单多数成员的专属权利:

(1)合伙人拥有提名董事的权利;

(2)合伙人提名的董事占董事会人数一半以上,因任何原因董事会成员中由合伙人提名或任命的董事不足半数时,合伙人有权任命额外的董事以确保其半数以上董事控制权;

(3)如果股东不同意选举合伙人提名的董事,合伙人可以任命新的临时董事,直至下一年度股东大会;

(4)如果董事因任何原因离职,合伙人有权任命临时董事以填补空缺,直至下一年度股东大会。

其中,若修改阿里巴巴合伙人的董事提名权以及其中的相关规定,必须经出席股东大会并投票的股东所持表决权不少于95%表决(可亲

自或委派代表进行表决）通过，而股东大会的实际表决权也掌控在合伙人团队中。同时，《组织章程大纲及章程细则》中还明确规定，阿里集团的董事会分为三个组别，合伙人提名的董事人选指派到各董事组别中的人数应尽可能相等。通过这一系列设定，在董事会层面保障了对公司治理的掌控权和稳定性，让参与公司经营、了解公司实际运作、与公司利益相关的合伙人团队来管控整个集团。

三、有"利"，丰衣足食：长效收益是保障

除了"功与名"之外，合伙人的有效驱动也需要有利益的关联。在除了以岗位获得的薪酬之外，还有一部分是来自合伙人的分红收益。因此，阿里合伙人委员会为管理层的所有合伙人成员分配年度现金奖金池的相关部分（需经董事会的薪酬委员会批准，但实际董事会的决策权也主要掌握在关键合伙人中）。如参考2022年阿里公布的年报，阿里为董事和高级管理人员的支出，计有工资福利等费用约2.35亿元，加上65.2万股普通股，结合年报公布当时股价测算价值超5000万元，合计约2.85亿元。而公布出来的董事和高管相关人员为5名独立董事、8位合伙人和3位董事高管，共计16位，可想而知其待遇的丰厚。而看阿里之前公布的合伙人持股数量结合美股、港股的股价，合伙人团队也早已就实现了财富自由。同时，为了确保合伙人与股东的利益一致，阿里还要求每位合伙人在担任合伙人期间必须保留相当数量的本公司股份，以保证利益相关、休戚与共。

通过十余年合伙人的探寻与完善，阿里的合伙人已经成为国内独树一帜、个性鲜明的代表性案例。但再好的合伙制度，依然避免不了组织内部"人来人往"的现实情况，阿里的合伙人团队，在有人走、有人留，又有新人来之中，在优秀人才的"迎来送往"之中实现了持续发展，保持了一个相对动态的平衡（见下表）。阿里多年的积淀，逐步形成了一个"流水不腐，户枢不蠹"的合伙组织，这其中有自然消亡，有合作共生，也有飞速增长。

姓名	性别	加入时间(年)	阿里巴巴集团或关联公司的职位	2019 年聆讯	2020 年报	2021 年报	2022 年报
蔡景现	男	2000	高级研究员	√	√	√	√
程立	男	2005	首席技术官	√	√	√	√
戴珊	女	1999	批发交易市场总裁	√	√	√	√
樊路远	男	2007	阿里巴巴数字媒体及娱乐事业群总裁	√	√	√	√
方永新	男	2000	钉钉资深总监	√	√	√	√
胡喜	男	2007	蚂蚁金服副首席技术官	√	√	退出	
胡晓明	男	2005	蚂蚁金服总裁 / 阿里公益业务总裁	√	√	√	退出
蒋凡	男	2013	淘宝总裁兼天猫总裁	√	除名		
蒋芳	女	1999	副首席人才官	√	√	√	√
蒋江伟	男	2008	研究员	√	√	√	√
井贤栋 *	男	2007	蚂蚁金服董事长兼首席执行官	√ *	√ *	√ *	退出
刘振飞	男	2006	高德地图总裁	√	√	√	√
马云 *	男	1999	董事	√ *	√ *	√ *	√ *
倪行军	男	2003	蚂蚁金服支付宝事业群总裁	√	√	√	退出
彭蕾 *	女	1999	蚂蚁金服董事；支付宝中国董事长兼总裁；Lazada 董事长	√ *	√	√ *	√ *
彭翼捷	女	2000	蚂蚁金服首席市场官	√	√	√	退出
邵晓锋	男	2005	集团秘书长	√	√	√	√
宋洁	女	2000	副总裁	√	√	√	√
Timothy A. STEINERT	男	2007	首席法务官兼公司秘书	√	√	退出	
孙利军	男	2002	社会责任部总经理	√	√	√	√
童文红	女	2000	首席人才官	√	√	√	√
蔡崇信 *	男	1999	执行副主席	√ *	√ *	√ *	√ *
王坚 *	男	2008	技术委员会主席	√ *	√ *	√ *	√ *
王磊	男	2003	本地生活服务公司总裁	√	√	√	√
王帅	男	2003	市场公关委员会主席 / 总务事业群总裁	√	√	√	退出
闻佳	女	2007	董事局办公室副总裁	√	√	√	√
吴敏芝	女	2000	首席客户服务官	√	√	√	退出

姓名	性别	加入时间(年)	阿里巴巴集团或关联公司的职位	2019年聆讯	2020年报	2021年报	2022年报
武卫	女	2007	首席财务官	√	√	√	√
吴泳铭	男	1999	阿里健康董事长	√	√	√	√
吴泽明	男	2004	新零售技术事业群总裁	√	√	√	√
俞思瑛	女	2005	副首席法务官	√	√	√	√
俞永福	男	2014	eWTP投资工作小组组长	√	√	√	√
曾松柏	男	2012	蚂蚁金服人力资源部资深副总裁；副首席人才官	√	√	√	退出
张建锋	男	2004	首席技术官兼阿里云智能事业群总裁	√	√	√	√
张勇	男	2007	董事局主席兼首席执行官	√★	√★	√★	√★
张宇	女	2004	副总裁	√	√	退出	
赵颖	女	2005	全球化领导小组组长	√	√	√	退出
郑俊芳	女	2010	首席风险官兼首席平台治理官	√	√	√	√
陈丽娟	女	2003	阿里云智能事业群副总裁			新增	√
朱顺炎	男	2014	阿里健康董事长兼首席执行官			新增	√
汪海	男	2003	集团国内数字商业事业群副总裁			新增	√
邵文澜	女	2002	蚂蚁集团副总裁			新增	退出

信息来源：阿里巴巴公告资料，其中"√★"标注为阿里合伙人委员会成员。

　　阿里相信，通过这样的合伙人制度，可以更好地保障企业文化传承、提升组织活力、促进管理协作及稳定公司治理，实现集团的不断追求卓越和实现可持续发展。阿里的合伙人制度是与以往的合伙制或者长效激励机制不同的方式，通过强调内部的治理参与和顶层组织的共塑，在核心团队的稳定保障之下，构建和编织成了一个巨大的商业生态网络系统，依然不断前行。

第三节 门店合伙人：让门店员工成为最可靠的合伙人

1. 突破传统门店的困境

门店的经营模式是最传统、最经典的经营模式。在互联网＋不断发展壮大的今天，它依然有它的价值和意义。在新的时代，都在提倡线上线下的融合和新一代门店经营的升级。但传统的门店经营模式，都是"坐商"模式——等客户上门，然后进行销售。同时，有些店员认为每天上门客户的多少并不是他们能够决定的，只能是上门多，就多拿一点提成，上门少，就少拿一点提成。

这种现象已经成为传统门店店员的常态，员工坐等下班，造成门店资源的浪费。尤其是现在人力成本逐渐增加，门店租金不断上涨，门店的生存压力越来越大。比如，在传统的连锁服装行业，一开就是几百家门店，但是店开得越多，资金周转得越困难，成本不仅没有降下去，反而越来越高。服装行业最大弊端就是产能过剩，即便 3 年不生产，库存衣服也没办法卖完，企业的库存越来越大，效果越来越差。所以，新时代的门店面临着巨大的经营压力，主要体现在以下几个方面：

（1）门店人员不关心成本及利润，员工赚钱，公司亏钱；

（2）门店管理者缺乏经营意识，业务无法突破发展；

（3）原有的激励，无法再提高员工的积极性；

（4）门店管理者对人才培养没有积极性；

（5）无法快速复制门店，拓展新市场。

作为门店管理者，必须让门店员工有所增值，只有这样，才能把店经营好。

但是，很多管理者在招人进来后，没有经营意识，不愿意培养店员，有能力的店员也没有相应的奖励机制，最终导致门店的经营越来越困难。

事实上，当店员成长之后，门店就能快速复制，只要门店的量上到一定的程度，门店的投入成本就会降低很多，因为成本平摊到每一家店时会非常少。如果量没有办法做上去，成本就会很高。比如装修成本可以平摊、品牌成本可以平摊、采购成本可以平摊。所以，门店必须具备自我复制的能力，开的店越多，后台平摊的成本就越低，利润就会显露出来。如果不能快速复制，门店的发展就会遇到瓶颈。

2. 发展门店合伙人的前提是实现门店扩展

并不是每个门店都适合发展门店合伙人，它对企业的规模有一定要求，只有当门店扩展到一定数量之后，才能成为门店合伙人模式茁壮生长的土壤。而想要实现门店拓展，通常有三个方法，即超额盈利、人才复制、门店复制。

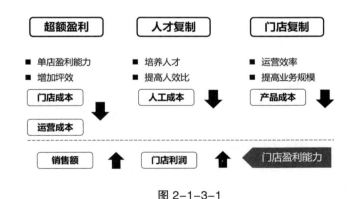

图 2-1-3-1

（1）通过增加门店的坪效来实现超额利润

一般情况下，门店经营者所思考的是门店能不能超额盈利，比如客户的单价提高、翻台率提高、连带率提高等。举个例子，客户原本是来买衣服的，最后客户不仅买了衣服，还买了裤子、鞋子，能买的都买了，这是由内而外的连带率的提升。通过这种方式才能提升整体的销售额。单店盈利能力的提升，能有效增加门店的坪效。盒马鲜生通过场景改造之后，它的坪效就远远高于传统的超市零售。只有坪效增加了，门店的利润才能提升上去。

（2）通过激励机制调动店员积极性，提升门店人效

店员的能动性直接决定着门店的整体经营效果，门店经营者需要培养不同的人才。通过一定的方式来提高店员的积极性，提高他们的工作效率，最大化降低人工成本。比如一家门店为什么需要五个店员？经营者是否可以思考一下，通过提升店员的业务水平，在保障服务品质和工作产出的同时结合新技术新系统的助力，是否可以将五个人减至四个人，并让四人享受更高的激励收益以促进他们积极性，同时在无形中降低门店的人工成本。

（3）通过门店复制提高门店的周转率，降低产品成本

门店复制越多，复制越快，产品的成本会越来越低。甚至有些产品的周转率也需要通过门店的扩张来提升。比如原本要卖五个月的产品，门店越多，三个月甚至两个月就能全部销售出去。库存周转得越快，占用的资金就越少。比如服装行业，大品牌的周转率非常快，利润就很高。库存成本是服装行业的利润黑洞，只有最大化消除库存，企业的利润才会得到提升。

以上三个方法能有效降低门店的经营成本，成本下降后，销售提升，利润才能有保障。事实上，门店利润是门店合伙人的关键，只有产生了利润，门店合伙人才能获得相应的回报，不然门店合伙人模式就无法维持下去。

例如，有一位做美容美发的老板，原先开了八个店，每个店都是自己持股，做得非常辛苦。这位老板基本上每天都要巡店，每天跑八个地方，同时还面临着库存的问题和员工的流失等问题，一年下来受苦受累不说，利润也并不理想，最致命的是店根本做不起来。为什么他这么累？其实最主要的原因在于员工没有动员起来，员工的效能不高。在接触了门店合伙的专业体系之后，他的思维发生了转变，并在专业人员的帮助下开启了门店合伙的机制。

原来每个店的投入 100 万，现将每个店 60% 的股份分配给店员，这样一来店员就占投入股权的 60%，老板八个店收回 480 万，然后在按照这样的分配模式，再开十二家店，这样八个店一下子变成了二十个店。虽然每个店他只占 40%，但是总体的收入却增加了许多，最重要的是，可以快速复制，降低了整体成本。后来，他又做了一件事，寻找一些能独立经营店面的人，让他们去管理门店，他只是投资，利用这些人背后的产品资源，最后将店做到了五十多家，产品的采购成本降低了许多，在让更多的客户享受到更优惠产品的同时，公司还享受到了规模化所带来的收益，如此一来，每年的利润直线增长。

这就是思维的转变所带来的商业突破，由传统的经营式门店变成了门店合伙人模式。老板拿小，门店团队拿大，看上去分出了大部分利润，实际上老板通过最少的投资，复制了更多的店，门店的增加带来的是成本的降低和利润的提升。到最后，老板只需要进行产品整合就行了，他不需要再跟前端抢利，更大的利在于品牌和产品上面，况且还不用担心员工的积极性，因为员工有 60% 的投入，相当于自己的门店，自然会尽心尽力做好销售，拓展市场。所以，这个老板就是通过让店长自己投钱的方式，快速回笼了资金，复制了更多的门店，以此提升整体利润。

3. 门店合伙人的进入机制

（1）明确门店合伙人的选择标准

门店合伙人的选择非常重要，只有选择对的合伙人，才能充分发挥门店合伙人的价值。从广义上来说，店内店外的人员都可以发展成为门店合伙人。店内人员可以是门店的店长、店员等商品的管理者，还有一些进行销售管理的人都可以发展成合伙人。因为不同的门店里面，岗位的设置是不同的。但是在选择内部人员时，必须注意几点：

① 必须是跟业绩有关的人员。

② 最好是在公司内部有他的支持者和跟随者。比如区域经理，能管理所有的门店，如果不与他进行合伙，他就不会用心管理好这个区域。这时需要有人进行督导，督导人员一样可以成为合伙人，比如门店的采购人员也同样可以。

跟经营有关的人员都是潜在的门店合伙人，因为对门店有帮助。不仅如此，一些企业甚至会把供应商发展成为合伙人，供应商供货，门店负责销售。还有一些门店把客户发展成为合伙人，客户做得好，也可以独立经营。总之，门店合伙人的对象有很多种，但是一定要与门店的整体经营有关，关键在于能否为门店创造价值。

图 2-1-3-2

根据不同的合伙对象，门店合伙人又分为经营合伙人和投资合伙人两个层次，每个层次又分为单店合伙人、多店合伙人、区域合伙人三个维度。很多门店店长不愿意培养人才，主要原因在于人才的培养与门店店长无关，所以在设计机制时，要考虑门店店长达到什么指标、培养了多少人才之后，才可以继续开店，从单店变为多店，再从多店变为区域合伙人。通过这样的晋升机制，门店店长就会尽心培养人才，发展更多的合伙人，因为通过他的培养发展起来的合伙人，都与他相关，他都能享受利润分配。事实上，从单店到多店，再至区域合伙人的模式，是一种成长，当整个区域都与店长相关时，那么他所获得的分配额度就更高，从小老板变为门店最重要的区域合伙人。

（2）店铺必须满足一定的条件，才能获得开分店的资格

通常门店的扩展都是根据业务规模来决定的，只有达到一定的业绩标准和盈利水平，才能拥有开分店的条件。当一个店发展成为多家店，甚至发展到一定程度时，合伙人可以参与跟投，跟投时要制定跟投的比例、额度和回报。在实际操作中，选择门店进入门店合伙人机制时，有两个非常关键的考量因素：

① 店的个体因素

很多时候同一个品牌下的连锁门店，除了门店团队自身的能力水平外，因为位置商圈、目标群体等不同，盈利的能力和水平也参差不齐。有些店是开在新建的商场，人流量不足，商圈的成熟度还需要一定的时间，那么当下再厉害的门店负责人也没有办法在短时间内实现盈利。所以在推行门店合伙人中，需要对不同门店类型，如盈利水平、投入程度等科学地进行预判，提前做好规划，对亏损门店、盈利门店等采取不同的激励方式。比如服装行业，很多企业在机场开店，事实上在机场开的店多是形象店，真正在机场买衣服的人并不多，如果这家店的合伙人年年亏钱，就无法参与到利润的分层当中，团队也不会有积极性。但是这种店代表着公司的品牌形象，是在公司层面上的"战略性"亏损，以较小的投入实现了公司的品牌宣传和商务人士的新客户拓展，需在公司的层面来进行合伙布局。

② 店的经营情况

有些店存在亏损，有些店的经营良好，店的经营情况不同，所设计的分红模式也不一样。比如在经营良好的情况下，从利润中拿一定比例进行分红，也可以进行超额利润分红模式。如果店面出现亏损，那么又该如何设计分配呢？有一个企业家进行门店合伙时，考虑开新店通常要一年才能回本。所以，他这样激励店长：新开门店如果在半年之内能实现盈利，其间的所有利润都

归店长和门店团队。这样一来，很多有能力的老店长都抢着去新店做店长，同时能力强的店长也能帮助门店在预期的时间以内实现盈利。通过这个方法，让团队快速成长起来，让门店越快实现盈利，投入回报的效率也就变高了，整体公司的发展前景就更好。

对团队的要求也是如此，不同的团队有着不同的标准，如新团队在业绩上通常都不如稳定的团队。在连锁店中，一般情况下不建议让所有的人全部成为合伙人，因为如果人人都有股份，可能意味着人人都没有，毕竟大锅饭的方式激发不了团队的积极性。所以一定要有竞争机制，有明确的标准和要求，达到多少才有资格获得，为了获得这个资格，店员就会努力往前冲。当然需要考虑门店的整体经营状况，因为每家店都存在盈亏平衡点，根据这个平衡点来制定相关的标准才有意义。

（3）员工必须满足一定的条件，才能成为分店的合伙人

第一，入职时间的设定。入职时间能有效看出店员的整体水平。如果入职时间不够长，那么就无法清楚他的能力到底如何，可能存在一些人钻企业的漏洞，出现利益输出的问题。所以，一定要合理设置入职时间。

第二，对绩效的要求。只有绩效满足一定的条件才符合门店合伙人的标准，比如完成上一年制定的销售业绩，如果第二年达不到这个标准，那么就取消合伙人的资格。

第三，价值观的认同。企业的价值观是一个重要的核心范围，如果不认同企业的价值观，就没办法站在同一阵线上，更没办法进行合作。

第四，必须为企业培养人才。只有这样，企业才能快速成长，人效一定要提升起来，这是为企业发展做出的长远考虑。有些店长不愿意培养店员，自己做销售，自己拿分成，虽然店长所占的利润提高了，但是对企业的整体发展不利。店长没有这样的胸怀，没有这样的格局，注定无法成为合格的合伙人。

第五，必须慎重考虑店员的职业操守。如果违反了公司的相关规定或人

品不好，那也不在考虑之列。

（4）投资合伙人只有达到一定的标准才能获得跟投的资格

即便是针对新开门店，跟投也要设定一定的标准，达不到标准就不允许进行跟投，成熟的门店要求就更高了。比如店长和管理者想要进行内部跟投，必须完成一定的业绩指标，包括销售达到多少水平、培养多少新的店长、连续参加单店合伙人激励计划等条件。跟投项目必须根据新的店设定不同的标准，而不是说合伙人什么都不用做，也不用贡献，就能参与到门店的跟投当中来。投资合伙人必须参与门店的经营或帮助提升门店业绩，才能成为合格的跟投者，而不是投机取巧、坐享其成，成为既得利益者。

如果客户想要成为投资合伙人，也必须满足一定的条件，考虑累积消费额度、累积推荐客户数量等情况，达到标准的客户就能享受投资的机会。而且通常外部投资人的门店估值也会高于对内部合伙人投资的估值，才能保证关键团队的积极性，促进门店的经营提升。

4.门店合伙人的分配机制

门店合伙人的收益分配主要是和门店的经营指标相关联，在达成或超出既定的门店指标后，门店合伙人可以按事先约定好的比例来享受分红和收益。因门店的性质不同（如自营、加盟、合作等），相关的收益分配也有较大的区别。一般而言，自营的门店因公司承担较大的风险，所以总体的分配占比是"公司较大门店较小"。但对于加盟或者合作而言，因为门店经营团队投入的成本和承担的风险较高，所以合伙收益会更偏向于门店经营团队。

责	权	利
经营目标： 对经营结果负责 **对员工负责：** （1）员工成长 （2）文化建设 （3）员工绩效	**经营权：** （1）销售及经营计划 （2）品类选择或建议 （3）产品定价权或建议权 （4）营销活动策划 （5）经营预算建议 **人事权：** （1）招聘、解雇员工 （2）自己组建队伍 **财务权：** （1）预收费用 （2）报销审批	**物质：** （1）分红 （2）股权激励 **成长：** （1）学习机会 （2）分享经验 **精神：** （1）评选 （2）分享经验

区域经理、店长、店员设定标准，总部管控+区域管理的标准制定

图 2–1–3–3

一个门店也是一个相对独立的经营体，一个好的门店合伙人不单是一个好的管理者，更是一个优秀的经营者，以实现责、权、利三者间的平衡，通过让听得见炮火的人来指挥战斗，来保障门店经营水平的提升和盈利能力的提升。但因为场景和客户的限制，一家门店服务的客群和“半径”始终是有限的，所以很多门店在发展到一定阶段会维持在一个相对稳定的水平，如果没有业务或者市场方面的革新，难以再次实现较大的增长和突破。所以对于优秀的门店合伙人，给予其分配机制不单体现在经济收入上，还需要赋予其有支撑能力的经营权、组织权和分配权上，帮助更多业务上的拓展和更多分店的拓展，如参与新店的拓展、投资、管理和团队培养支持等，也让门店合伙团队的价值有更多收益和裂变的可能。

5. 门店合伙人的评价机制

门店的存在始终是以商业经营为目的，所以在门店合伙人的评价体系中，财务指标所占的比重通常都相对较大，主要通过业绩、利润、销售回款率等指标来进行考核，同时结合运营相关的指标，如产品成本核算、内部成本分摊机制等，以保障门店效率的提升和经营成本的可控。

指标及目标设定根据地域差异、店铺大小（地段）、店铺层级和开店时间（成熟度）等指标做调整。

图 2-1-3-4

很多企业对于内部门店的合伙评价，除了依据单独门店设定的考核指标之外，也会结合集团内部的其他门店做横向的对比和评价，使整体团队在竞争中促成长，在压力中促动力，在优秀中立标杆，让集团的规模化优势反哺和助力门店的成长发展。

在门店合伙人的设计中，每一个步骤必不可少。从门店合伙人的目的开始，层层推进，充分考虑到门店在经营过程中可能遇到的每一种情况，制定出详细的应对方案和解决方案，而不是等出现问题之后再来想解决之道。通常在事先没有明确好的情况下，很难再探讨出一套让每个人都信服的方案来，所以必须在寻找合伙人之前就有着明确的界定，包括门店的合伙人的进入机制、分配机制、评价机制、退出机制和跟投机制，必须十分清楚明白，只有这样的模式才能持久下去。

【经典案例】西贝的"好汉工程"

自 1988 年创业至今 30 多年的时间，西贝已经发展成拥有近 400 家门店、2 万多名员工、年入 60 亿的连锁餐饮集团，创始人贾国龙带领团队成就了众多"好汉"，还让西贝的服务员都"爱笑"，这无不得益于他一如既往对人才团队、对组织能力的重视。

一、从"产品"促"精品"

很多人都说中餐是一个很难标准化的产业，即使是相同的一位大厨，不同火候、不同心情下做出的饭菜口味都有很大差异。贾国龙驾驭整个组织的管理哲学是德鲁克提出的"目标管理，自我控制"。除了中央厨房稳标准、透明厨房助安心外，西贝每一家店内都会设置一个红冰箱，这是受当年丰田"红箱子"存问题件的启发，以促进团队对错误的研究、改善和提升。另外，为了方便管理，西贝每年拿出3000万人民币专门成立裁判机制，每家店都有集团安排的一名裁判，对其经营标准、客户要求和品质要求进行裁决，通过过程考核对门店进行辅导，传达成功经验，帮助他们找出问题，解决门店在经营过程中遇到的困难，以保障成品、提高品质，提升每家店的经营水平。

二、从"员工"做"好汉"

高激励：西贝分利的原则是"先分钱，再赚钱"。所以，西贝一直都在"创造性"地发奖金，将大量的"利"分配下去，加工资、加福利、论功行赏。老板贾国龙给分部老板、总部高管立下一条规矩，年收入超过一千万的部分，拿出50%来激励自己的团队。作为最大的股东，他自己也带头分利，每年拿出自己50%以上的分红发奖金，诠释了舍得之下的"有舍才有得"。

寻好汉："好汉工程"是西贝于2018年推出的机制，以造就更多领导者，帮助组织培养更多优秀员工，帮助团队成长发展。"在未来10年，西贝至少要成就100条好汉。"100万的奖金加上1公斤的金牌，是西贝给"好汉"们的奖励，刺激着所有西贝人的眼球，也成了很多西贝人向往的远方，更好地实现"把爱传出去，把利分下去，勇争第一"的好汉精神。

促动力：不想当将军的士兵不是好士兵。贾国龙表示，人其实都是靠长项发展的，企业也应该追击员工的长项，放大，再放大，促使员工用长项指导工作。所以西贝的激励，都避免陷入精算逻辑，秉持着"要想好，大让小"的原则，让员工敢于去奋斗、去实现自己梦想墙上的愿望。

多支持：高级人才本质上是自我引导的。西贝在创始人的带领下，拒绝玩"前边有肉，后边有狼"这一套，而是强化其责任心、使命感和成就感。同时，集团也通过机制驱动、管理提升、西贝大学以及铁军基地等，不断强化总部赋能，帮助团队成长。除了内部培养外，每年西贝在员工的外出学习成长上都舍得投入，让团队有各种学习提升的机会。2018 年西贝营收 56 亿时，贾国龙花在员工学习上面的支出就超过了 1 亿元。成长必定是需要付出代价的，因此西贝还有专门的"试错机制"，强调"谁犯错，谁成长"，员工犯错，企业兜底，因事修人。在贾国龙看来，小干部经过大锻炼，将来就能当大干部。

三、在"赛场"寻"王者"

自 2015 年开始，为了更好地激发员工潜能、训练能力，西贝将员工当作"运动员"，要求所有开店 3 个月以上的门店都要进入赛场，每季度竞赛一次。但与一般比赛的标的为营业额和利润的方式不同，西贝的"赛场"比的是顾客满意度、员工积极性和门店基础管理，以更好地培养一支"动力十足，训练有素，并且人生喜悦"的非凡团队。

四、从"工作"找"美好"

有梦想：西贝还提出了一个"梦想工程"，让每一个员工不论职位高低，都要公开说出自己的梦想，同时上级要帮助员工去实现他的梦想，做他们的"助梦人"。就如德鲁克所说，管理的本质就是激发人的善意和潜能。通过一层层激发、放大每一个西贝人的梦想，由梦想牵引，让员工更积极，从而激发组织持续的动力。

有温暖：西贝把员工看作伙伴，除了对自身的帮助和提升外，还通过各种方式提供对家庭的关心帮助。如"西贝好汉"的百万奖金，其实是津贴奖励，是父孙四代人的旅游、教育、保险等的报销经费，以便让"西贝好汉"长期与家人分享自己的成就。

五、以"组织"塑"品牌"

"西贝的产品是人，而不是菜。"产品是比较容易复制的，相同的标准、相同的流程、相同的要求，就很有可能创造出来较一致的产品，却创造不出来相同的两个人。所以西贝一直强调"爱的能量环"的打造：企业对员工好，员工就会对顾客好，顾客会对企业好。只有员工好了，团队才能好，才有更有能力和竞争力的团队，来支撑公司的发展和社会对品牌的认可。

西贝在执行合伙人的体系中，有很多值得我们学习和借鉴的地方，但这个过程也并非一帆风顺。如在 "10万＋"门店的计划下，新的品牌布局先行失败，也让西贝交了不少"学费"，但失败了也没关系，从头再来……其实，困难并不可怕，关键是在于我们面对困难的态度。真正发展就是在一次次捶打之中不断前行、不断壮大的，携手团队共同前进，经历泥泞风雨之后，方知彩虹之美。

第二章
发展裂变：基于业绩提升和发展

第一节 项目合伙人：实现企业项目共赢，
孵化最大产业价值

1. 短期项目合伙人的激励方式

很多企业本身的实力不错，有些项目明确可以产生盈利，但是到了项目团队手中后都无法盈利。原因有二，一是实施步骤不够科学系统，不能实现效能最大化；二是整体项目团队的激励性不足，导致团队的整体积极性都不高。

（1）短期项目合伙人的实施步骤

短期项目合伙人存在时间周期，主要在于项目周期的控制，主要实施步骤如下：

首先，要明确项目时间。在项目过程中明确若干个时间节点，根据时间节点来设置项目程序。

接着，要明确项目合伙的对象。根据项目的核心管理团队选择合适的合伙人，比如项目经理、施工员、质检员、技术员、安全员等都可以是合伙人。

然后，要明确合伙方式。制定在项目过程中每一个时间节点所采用的激励方式，项目结束后再结合项目的实际情况提供一定的虚拟股或现金股份等激励措施。

最后，要明确合伙机制。具体需要明确的是财务预算核算标准、分配标准、技术标准以及考核条件和退出机制，并且要签署相关协议。

短期项目合伙人的每一个步骤都很重要，只有事先确定清楚，项目才能有序推进下去。

（2）保质保量、缩短项目周期的激励方式

在短期项目合伙人中，最主要的目的就是想办法在保障项目品质的前提下缩短项目周期。比如前几年碧桂园在疯狂地压缩项目开发周期，为企业创造更多的利润。在项目的评价机制中，时间周期是一项非常重要的考核。所以，这是项目合伙人进行短期项目合伙时应该关注的重点。另一个关注点是在缩短项目周期的同时，要保障项目的质量。

① 设计项目跟投激励

项目跟投最重要的就是控制成本，控制成本的主要手段就是缩短项目周期。

在工程项目开始实施前，通过竞标来选择合伙人，中标的公司能立刻制定详细的预算，以此来估算整个项目需要投入的资金，比如需要 2000 万，那么这 2000 万的投入该如何设计？至少可以分为两个部分，第一个部分是整个项目的财务状况，通过投入 2000 万，整个项目下来所存在的利润估计能达到多少。在此情况下，整个项目团队是否愿意出资跟投这个项目，比如项目的负责管理团队，他们计划投入 10%，在项目完成之后，就可以按照制度享受分红。

项目跟投的具体流程和注意事项如下：

第一步是项目立项和核心团队组建。要先对项目进行可行性分析，在这个过程中需要有丰富经验的团队和相关专家的参与。通过深入、科学系统地进行投入、产出、资源、能力等关键要素分析，以更好地预判将来的收益情况和可行性、风险性等。在通过项目立项之后，需先明确关键负责人及项目的核心团队。

第二步是在立项之后，需明确跟投项目的项目说明、项目背景，对项目的时间周期、地点、投资的金额等情况进行一个整体的说明，为后续的项目募投做准备。

现在很多房地产都采用项目跟投模式来激励项目团队，包括万科、碧桂园、金地等大型房地产企业都是这样做的，只是他们的方式跟常规项目有些不同。常规项目（如新产品开发、新业务拓展等）是根据总体投资来确定分配方式，项目合伙人跟投多少比例，就能占到利润的多少比例。但是大型房地产企业的项目所需要的资金规模比较大，涉及资金的杠杆原理，即资金不是一次性投放的。在投入的过程中有一个峰值，通常是前期投入比较少，然后慢慢增加，投资需求越来越多，但是到了一定程度后现金流开始回正。比如到了一定的阶段，开始销售房子，通过开盘预售回流现金，然后接着投进去。在这种情况下，没有办法按照整个资产或者项目的整体投入金额来确定，而是按照资金的峰值来确定。比如项目的实际峰值需要 2 亿的投入，这时员工跟投 5%，也就是峰值的 5%。公司会将更多的项目安排额外跟投，跟投的总额不能超过公司资金的 5%，而且项目所在的一线跟投人员可以在未来 18 个月内额外享受到份额，受让时按照人民银行同期的贷款基准利率来支付利息。

第三步是明确适配的跟投人选。了解项目的具体信息之后，再分析哪些人是可以进行跟投的，哪些人必须跟投，哪些人自愿跟投。跟投的对象和范围必须有明确的规定，然后设置跟投的额度。短期项目合伙人最重要的是明确项目周期、时间节点和跟投机制，尤其是跟投机制。跟投机制是大部分企业进行项目合伙时的主要激励手段。项目的跟投必须有明确的限制，公司总部的核心高管不能参与跟投，但是与项目相关的核心管理团队必须参与跟投，而项目的相关人员和公司总部的员工可以选择性跟投。

在管理项目团队时，万科采用的就是跟投模式，通过项目团队的跟投将他们的利益捆绑在项目上，这些人必须为项目负责。不仅如此，在项目的跟投过程中，公司的董事、监事、高级管理人员被限制参与，因为这些人在集团总部有公司的资源分配权利，如果具体到某个项目中，那么他们参与的项目得到大力的支持，存在资源倾斜的可能性。他们没有参与项目，就不会出现这些情况。从长远的角度来考虑，有利于体现公司的公平性。

第四步是跟投方式的确定。如果项目的跟投是大家通过持股的方式来进行，那么必须有一定的布局，最好是设立一个持股平台，让更多员工以代持的方式参与进来，把投资全部收购到这个平台里来，采用间接的方式进行跟投。

比如合伙人跟投的项目公司，一般都是由城市公司的项目直接发起并成立的，员工的收益是通过合伙企业来实现的。比如房地产企业，它的特点就是开发楼盘时，一般是针对这个楼盘再成立一个城市公司，从前期的资金到人员都是独立运作的。比如万科特别成立了盈达，盈达就是万科用作员工持股、员工参与的主体平台。通过这种模式，将项目利益相关人员全部捆绑在一起，从而提升了团队的积极性，各部门之间协调起来更加方便。

第五步是项目风险控制。要明确项目的整体推进、运作的计划，包括项目结项、结算以及清算等内容。

第六步是项目考核与退出机制。项目结束后，跟投方以及跟投人员要设定退出机制。

这是整个项目跟投的具体流程，操作起来并不复杂，但是在操作时要将企业自身的业务特点和团队密切结合起来，制定一个确实的操作方案，该调整的调整，该变化的变化，确保项目的最终成果。

② 设计分阶段模式激励

即根据财务预算和项目进度，设定一种奖励和分红。这样一来就能提高整个项目团队的积极性，项目团队有了足够的动力，项目的质量才会有保证。

重庆某建筑企业在建设某个楼盘时，选择进行短期项目合伙计划。按计划，项目的周期是 2 年，根据项目的发展、规划和预算，决定以每半年为一个周期，对项目合伙人进行激励。根据项目的完成进度，分阶段来执行，如果提前完成工作计划，并通过相应的验收，那么项目施工的核心管理人员将获得一定程度的激励：每提前一天完成计划，则可以享受到 2 万元的现金激励。比如整个地基基础，按照项目进度预算，需要 50 天才能完成，结果团队花了 40 天完成了，并且质量也没有问题。在这种情况下，每提前一天则有 2 万元的奖励。

不仅如此，在项目激励的过程中需要考虑到整个项目的预算和费用的问题，再根据项目施工的进度和完成情况设定相应的奖励机制。如果在每半年的时间内完成了相应的工作进度，同时又节省了项目费用，当然节省的费用是与该项目执行过程中的预算来进行比较的，那就会在节省的费用中拿出一定的比例奖励给整个项目团队。按照这种方式，可以把整个项目分为几个阶段进行激励。

③ 根据项目的总利润进行激励

在整个项目结束后，根据项目的总利润进行激励。在短期项目中，项目经理、项目管理团队需要进行一定的激励，特别是他们在执行项目时贡献了足够多的利润，可以将这些纳入公司的整体经营体系中来。比如公司在未来要设置的事业合伙人，将项目合伙人纳入事业合伙人的体系中来，让他们享受到公司整体经营的利润。

事实上，只要把相应的机制设定好，项目团队的积极性才会得到最大的提升，项目最终的收效就会有保障。

2. 长期项目合伙人的激励方式

如果能利用长期项目合伙人实现孵化项目的长期发展，未来应该让项目合伙人独立经营。在长期项目合伙人模式当中，如果孵化出一些新的业务，那么要尽快让业务落地，以保障项目的效益，这是长期项目合伙模式中的考量点。针对考量点，在单一项目的情况下，可以采用项目跟投的模式来实现利益的长期关联。

通常考虑到项目的长期效果，项目分红也可以采用期权和期股的方式。期权和期股的模式对短期项目来说没有任何意义，因为短期项目所考虑的是短期的利益，项目一结束意味着合伙模式的结束，直接进行分红就行了。但是长期项目合伙则不同，长期项目具备持续性发展可能，在未来仍然能不断地创造价值，它的可持续性意味着利益的分配应该具有长期的效果。

3. 项目合伙人的核心关键点

（1）项目的财务核算标准以及过程的管控

项目合伙人必须提前制定好预算与核算体系，对财务的要求非常高。通常情况下，项目结束后马上要进行分红了，但是账还没有算清楚。在账目没有清楚的情况下，是无法进行分红的。所以项目合伙人必须进行财务核算，包括在项目执行过程中控制一些关键的节点，保持项目的盈利分红。

（2）合伙人的稳定性

同一个项目必须与稳定的人员进行合作。不可能今天一个合伙人，明天又一个合伙人，项目团队必须拥有一定的稳定性。如果连人员都不稳定，项目肯定无法进行下去。

（3）在项目质量和安全性的保障下，项目周期成本以及现金流的管理

控制项目周期成本有利于提高项目的利润，现金流的管理能保证项目持续推进下去。不能出现项目进行到一半时，又要去集资，又要去找合伙人，这样项目的周期肯定会越拖越长，利润会越来越低。

（4）激励的持续性

单个项目在结算之后，要考虑到利益分配与激励的持续性。以避免对后续的项目和激励方案产生不良影响。

（5）项目合伙人在企业内部要形成良性竞争

在很多企业中，原有的传统业务正在慢慢萎缩，眼前一片昏暗找不到出路，也想不出特别新颖的商业模式。所以，最重要的是如何快速把新的业务培育起来。新城拔地而起，旧城慢慢改造，只有这样企业才能快速扩张。这是进行项目合伙时最重要的一个目的。

（6）监管机制要顺其自然

常见的状况是小公司得了大公司病。公司不大，却制定了相当多的制度和流程，导致工作效率越来越低下。在很多民营企业中，整个市场经济体系都是充满竞争的，在这种竞争性的环境中，唯一的制胜点就是效率。很多大企业、大公司都在进行深层次的组织变革，通过平台化、扁平化、去中心化的方式最大化提升公司的执行效率，让大公司拥有小公司的效率优势。

因此，各方面的管理必须与企业的发展阶段进行匹配。对企业而言，一定是经营更加重要，管理应当服务于企业的经营，因为经营的目的是提升效益，管理的目的是提升效率。从效益来说，企业的业务模式、产品设计都是为了帮助企业盈利，解决经营的问题。在企业发展初期，管理千万不能干预过多，应该充分提升经营的效果。这样一来，企业的监管就没那么重要了。因为民选就是监管。但是很多人会产生这样的疑惑，在这个项目中投入了资本，定然要监管这个项目，要监督整个项目团队，以免出现一些有损合伙人利益的事情，这时候就会自然而然地形成监督机制。

（7）长期的孵化项目要做好项目失败的预案

在孵化任何项目时，不能只想项目做成功以后会怎么样，应该思考一下如果项目孵化失败了该怎么办，如何最大化降低项目失败所造成的损失。

4. 项目合伙人的收益策略

我们的普遍认识是项目团队的负责人就像公司的总经理，待遇一般是由公司来制定的，如果让总经理自己定待遇，可能出现一种情况，就是把自己的待遇定得很高。

不过对整个项目合伙人来说，应以利益共享为总原则，由总经理自己定待遇。因为在项目实际运作过程中，项目负责人将身家都压在这个项目上，所以他的心态跟老板是一样的，如何使项目快速成功、收回成本，所以对于自己的收入不会做得特别离谱。

但这并不意味着薪酬可以随便设计，如果定高了，大家会过得十分安逸，失去了奋斗的动力；如果定低了，又缺乏基本的保障。所以最好的方法就是让他们自己定待遇，而且要基于不同的目标进行设置。可以有三四个目标档，完成不同的目标就有不同的收入。比如以500万为收入目标，或者为一个档，在这个档里制定工资标准；当收入达到800万时，工资又发生变化；1000万时，工资又跟着上涨。不同的目标档次所对应的薪酬标准是不一样的。然后由总经理自己选择，一般情况下他不会选择最低的，因为工资标准低，通常会选择最高的。所以很多公司制定年度目标时，喜欢把目标定低一点，容易完成，拿到绩效奖金。

通过这种机制，项目团队都会选择比较高的具有挑战性的目标。这时会出现这样的情况，在制定目标时按照1000万制定的薪酬，但实际上只完成了一半的收入，可工资却是按1000万的标准发放了。所以工资不能全额发放，应当制定的是年薪，选择的档位越高，固定的那一部分比例就越低，幅度就越高，等到了年底，根据实际完成的目标来进行兑现。

有些公司甚至还会设置浮动工资，浮动的部分还会有一个奖励。有一家企业在制定薪酬时就是采用这种方法，刚开始时选择的目标都比较高，但实际拿到的与平时差不多。但是到了年底，根据实际完成的情况来确定工资的档位，用实际结果来确定年底究竟发多少薪酬。

5. 有效实现内部项目孵化的六个步骤

当企业的业务发展到一定程度时，必然拓展新的业务模式。通过鼓励员工内部创业，孵化新的项目来带动企业的整体运营能力。但是，这并不意味着内部项目可以随意孵化，必须有一定的要求和标准。通常企业内部项目孵化有六个重要的步骤：

（1）结合主营业务，确定孵化业务，并提出业务孵化申请

内部项目的孵化必须结合自己的主营业务进行，一定要有关联性。绝不可能企业本身的业务是做生产制造的，突然想孵化做房地产的业务，这个跨度太大了，也不可能成为现实。企业内部项目的孵化一般都是与原来的主营业务有较强的关联性，要么是一种补充，要么是一种关联。所以，在孵化业务时要有整体的业务布局。

孵化的项目确定后，可以由公司提出，看哪些人适合项目的孵化，通过竞选方式来操盘项目。还可以由员工通过创业孵化项目大赛提出自己有什么样的想法、什么样的计划，通过公司投资来运作项目。

创业团队在公司内部不是一个利润部门，而是一个成本部门。当团队具备项目孵化的能力之后，让团队独立出来，注册新的项目公司，对外承接业务，甚至设计自己的商业模式，那么这个团队就从成本部门变成了利润中心，能直接为公司创造利润。当公司这类部门越来越多时，公司的成本中心越来越少，利润中心越来越多，效益自然越来越高，而且这些创业团队持有项目股份，自然会发挥主人翁精神。要知道，打工的心态和创业的心态完全不同，会最大化创造价值。

（2）建立孵化项目筛选机制，筛选项目及人员

在项目合伙人中最核心的就是解决项目的筛选问题，如何有效筛选好的项目和合适的项目合伙人，最直接有效的方式就是内部人员跟投项目，当项目团队提出项目计划之后，由企业高管进行评估，觉得合适的项目就参与投资。

（3）确定孵化项目，组织孵化项目团队

孵化项目由公司高管投资决定，那些优质的项目一定会被选择出来。高管虽然参与投资，但并不是项目的实际负责人，必须根据特定项目组织合适

的项目团队，由他们全权负责孵化项目的开发和执行。

（4）建立在职分红或虚拟分红股等激励机制

根据不同的项目周期，设定不同的激励手段。短期项目可以采用跟投分红的方式进行激励，长期项目可以采用虚拟分红的方式进行激励。不管采用哪种方式必须有一定的激励手段，让项目合伙人保持持久的创业激情。

（5）项目顺利孵化，可以看清前景时，注入创业基金，成立创业公司

每一个孵化的项目严格来说就是一个创业公司，但并不是在项目孵化初期就直接成立项目公司，而是先成立虚拟项目公司，通过阶段性的执行和孵化之后，产生一定的效果，能看清孵化项目的前景时，再成立创业公司。

（6）项目团队跟投持股，自主经营，自负盈亏

项目公司成立后，孵化项目就成为一个单独运营的企业。项目团队可以通过跟投的方式持有项目公司的股份，之后项目公司脱离总公司，自主经营，开发新的业务渠道。

企业内部项目孵化成功后，会涉及几个方面。第一个就是财务，在项目孵化前期，项目公司没有成型，没有必要专门设立财务部门，可以由公司提供服务，收取一定的服务费用。第二个就是人力资源，如果项目公司要自己招聘和培训员工，成本在无形中增高了许多，所以最好是利用公司资源。第三个是将公司变成一个平台，通过大平台小前端的方式来帮助孵化项目。公司变成了一个资源平台，为创业团队提供相应的资源，由创业团队自己拓展业务。到最后，公司最终变成一个创业投资平台。

现在有很多企业家正利用他们的经验、技术能力和专业能力，通过组织创新，在技术层面和专业层面上进行深度变革，改变原有的业务模式，成为一个全新的平台型企业。企业家应该给自己一个清晰的定位，不仅要找对项目，还要找对合伙人。在原有的业务基础上，孵化新的业务模式，将公司变成一个相对开放的平台，让更多有能力的人去创业。所以公司不再局限于原本的业务，而是成为一个创业投资平台，鼓励更多的人去创业、去做老板，

当公司所孵化的项目越来越多，所培育的业务就越来越多，也会随着孵化项目的增多而发生质的改变，未来的收益自然越来越好。

【经典案例 1】海尔内部创业孵化：企业是平台，员工来创业

海尔通过内部创业的方式，成功孵化了很多创客和小微主，把内部庞大的组织创客化，拥有 100 多个小微主，每个小微主都是一个项目收益。在这个过程中，海尔内部形成了新的组织关系，从过去以老板为核心的金字塔式管理模式，转变成平台型创业管理模式，即以客户为导向，快速响应市场，满足客户需求的方式，激发员工自己去创业，自己去经营，与客户真正地联系起来，能够在平台上面依靠内部资源进行创业。

在这个与用户持续交互的过程中，这些人更能了解用户的需求和痛点，只要协同公司资源进行内部客户的服务交互，就能实现企业对用户最直接的掌控，到最后形成内部的良性竞争，通过竞争推动更多员工的积极性。这时，海尔已经发生转变，成为一个真正的创业平台。在平台上每个员工都有自己的方向感，每个小微主都知道自己的目标是什么、所扮演的角色是什么、要实现的价值是什么。不仅如此，每个小微主都会被关注，并进行动态化显示。比如在小微 HOPE 平台上，能清楚地看到每个小微主经营的数据，小微主可以看到自己的发展趋势，并以此来分析自己未来的前景，为职业规划提供了很好的指导效果。

海尔帮助小微主实现蜕变，包括战略目标、差异化模式、经营行为、激励机制、团队组织结构以及公司效能等多个方面进行全面指导，让小微主拥有更明确的方向。同时海尔会定期举办小微主示范交互会等交流活动，让小微主既有学习的机会，也有展示自己的机会。通过这些方式，小微主所组建的小微团队发展到一定阶段时，海尔就会通过创业基金注入资本，成立创业公司，让员工在企业内部实现创业，最典型的代表就是雷神电脑。

海尔有一个员工平常喜欢玩游戏，发现传统笔记本电脑的性能不足以维持游戏的运行，针对这个群体进行领域细分，发现了用户的主要动力所在。这时海尔内部正在推行小微模式，为员工提供了创业的机会。他在内部的创客孵化项目大赛中脱颖而出，成立了新的项目公司，所注册的品牌就叫作雷神。雷神的成功正是海尔组织创新的一个缩影，通过充分鼓励员工内部创业，海尔成功孵化出新的业务。事实上，在雷神创业初期，海尔提供了全方位的支持，包括海尔内部的资源优势、技术培训、财务预算、资本注入等，为创业者提供全方位的服务，但每一个板块又是一个独立经营的公司，能接受不同的服务。在这种情况下，雷神的发展非常迅速，业务不断扩大，从电脑到键盘，再到鼠标，一系列业务的延伸，帮助雷神拥有了极高的市场估值。

海尔的内部创业带来很多启示：它重新定义了员工，将以前被动式的员工变成了创客；它又重新定义了管理者，从发号施令的角色变成了服务平台的搭建者；然后它重新定位了员工与管理者之间的关系，从服务指令变成了一种共赢；最后它重新定位了员工与企业之间的关系，由原来的员工提供服务、企业发放工资，变成员工提供服务、客户来提供费用的模式。实现了一种质的改变：员工自己创造价值，同时也能享受到价值。

【经典案例 2】芬尼克兹的项目合伙：裂变式发展，激发新动能

芬尼克兹作为成长型中小企业的代表，在有限的资金、有限的能力之下，探寻了一条全新的项目孵化和裂变发展之路。不同于传统房地产、工程类的短中期项目合伙，在多项目并行、多资金压力与项目风险不确定下的阻力重重；也不同于如海尔般基于大平台、大组织、多资源能力之下，丰厚的、如热带雨林般的商业生态以支持新项目的创客发展。

一、历经失去，痛知珍惜

芬尼克兹成立于 2002 年，前期主营空气能热泵及中央空调产品，是中国热泵行业出口量最大的企业之一。然而，在 2004 年当业务蒸蒸日上之际，公司一位销售总监的离职打破了这个势头，他的理由也很直白："既然我能给企业带来 80% 的销售收入，为何不自立门户，复制这样的成功？"创始人宗毅的百般挽留也无法阻挡这位销售总监的离开，公司一下子失去了许多业务和客源。他坦言："当时自己的压力很大，担心他因为知道企业的弱点、企业的关键技术甚至掌握了企业的客户，出去创业之后只有一种可能性——那就是抢占企业原有的客户和市场。这对企业的伤害比你遇到一个强大的竞争对手还可怕。"痛定思痛，芬尼克兹的裂变探索由此开启。

二、创新机制，裂变机遇

在宗毅看来，没有传统企业，只有传统老板，他决心有所创造与突破，去探寻是否有方法去促进核心人才的保有。一年后，他发现公司业务相关的一个核心零部件需求不小且毛利率高，但当时还需通过进口外购来解决。经过详细分析，宗毅得出只需 50 万的投入就可以把这个新业务做起来。既然有这么好的产品和机会，为什么不去抓住和把握住？

于是，他就动员公司六个核心的骨干来参与投资，新成立一个公司来单独做这个产品。新的事物会有人持怀疑的眼光，在多次说服下，有 4 人同意投资，其中 1 人投 10 万，其他 3 人各投 5 万，合计 25 万。宗毅让这位投资 10 万的人做总经理，带领其他内部投资人一起参与创业和经营。不到 7 个月的时间，产品顺利研发并于 2006 年投入市场，当年就有 400 多万业绩、100 多万利润。大家在不到两年时间不但收回成本还取得翻倍收益，初战告捷，成功拉开芬尼克兹裂变式创业的序幕。

三、科学决策，"投票"选举

在这以后，通过内部创业的方式，建立创业平台，打造竞争机制，邀请骨干员工入股，营造激励氛围，让企业在做大的时候仍能保持凝聚力。裂变创业的精髓是选举。

首先，通过每年举行内部创业大赛，将公司那些具有创业能力、勇于创新冒险的人才选拔出来。比如明确规定"参赛人员无资格要求，由参选人自己组建团队参赛，公司提供创业培训"。其次，明确"用钱投票"以减少因为人情关系对项目的影响。因此，"参选人及参选团队要申请其个人投资额度，竞选总经理的人首期投资在10%以上，不投资就不能参与竞赛"，"员工写在选票上的金额如不兑现，罚款上一年年收入的20%"。最后，投票的人员有一定的要求："在公司工作3年以上的员工可参与投票，每人只能投一票，同时依据职位上下设定每个人的投资额上限，不能超越限度投资。"一般而言，每次大赛都有7～10支队伍参加，分为预赛、决赛两个阶段，同时由外部的专业评委和公司内部高管担任评委。通过这样的投票选举，取得投资额最大的团队或个人胜出，获胜者可以组建项目事业部。

四、保障治理，分享收益

短期的可用项目事业部的方式进行，如果销售额超过2000万的事业部，可以注册成立新公司。新公司的股权比例规定为：母公司持股50%，总经理持股10%，创业团队的其他成员持股15%，内部投资团队持股25%。因为有较好的业务基础和财务收益，投资新公司变成了机会和福利，所有人都关心业绩。

在利益分配方面，一切以利润共享为准绳。宗毅表示："每年必须分红，让每个投资的员工都能即时感受到投资收益，而且分红后员工也有钱投下一个项目。"芬尼克兹对此有明确规定：50%的税后利润依照股权比例按年分红；30%的税后利润留存于公司保证发展；20%

的税后利润，由创业团队优先分红，享有40%的收益，母公司享有40%的收益，跟投人员享有20%的收益。

另外，总公司以50%+的股份依然为新公司的大股东，且新成立公司的董事会只有3人，分别是各占25%股份的宗毅和其搭档张总，以及占10%股份的总经理，保障了在董事会层面总部较好的决策权与控制权。

五、内部创业，齐心合力

当每年公司内部创业举办之际，员工都翘首企盼。因为不仅有投资的机会，还有一个带头人能够成为公司股东级的总经理。通过这样的机制，一方面更好地保留和激发了优秀人才，让大家都有更好的发展期许；另一方面，强化了团队之间的凝聚力、配合力和支持力，内部创业的成功率极高，已经成功裂变了10余家公司。

同时，公司还设定规则来防范项目风险。《芬尼基本法》于2014年开始施行，规定总经理5年一大选，可连任但不能超一届，卸任后的总经理可参与其他平台公司的竞选。另外，公司还成立了"弹劾委员会"，由数名股东组成，督促每年的目标达成。若连续两年完不成指标，委员会便向董事会申请弹劾总经理，以推动内部高管的替换与更迭，保障公司整体的健康发展。

宗毅说："因为这个制度，我十年创办了13家公司，还能解放自己，过'有钱又有闲'的人生。"这可能是很多企业家的心之向往。通过这样的机制，促进新项目的孵化，将员工变成合作伙伴，尊重并给予员工机会，包括共享企业成功的机会，促使企业获得孜孜不倦的奋斗团队、源源不断的发展动力、多多益善的商业机遇和欣欣向荣的价值空间，从而实现从企业到集团、从企业到产业的发展裂变。

第二节 用户合伙人：巧用口碑传播，
让用户帮你寻找客户

1. 改变用户单一的消费模式

在互联网时代，传统 C 端用户的消费方式不再单一，这给企业带来了巨大的挑战和变化，同时也带来了许多机遇。从用户的角度来说，需求的发展促使企业必须顺应这种变化，不断地迭代，推出新的产品。同时企业还要根据用户的需求，提供相应的机制和模式，以此来提升用户的粘性，保持业务的稳定性。

用户最基本的需求是产品的使用。值得注意的是，如何让用户不再单一地消费所使用的产品，而是一种持续性消费，将低频消费行为变为高频，让用户不断地为企业带来的价值和利润。比如在传统的软件行业，将一次性消费变成按年收费、按用户来收费。这时，用户的粘性就会越来越强，通过持续性消费，用户会带来更多的关注，让产品拥有更多的流量。

现在最火的"双 11"促销活动，便是一种传统意义上的改变。用户往往需要一些产品组合才能拿到更多的优惠，打折券的目的就是让用户购买更多的产品，以此来获得更多的积分。购买母婴产品产生的积分又可以购买书籍，购买书籍所产生的积分又可以购买别的产品，如此一层一层地叠加上去，从而带来更多的消费。

这种模式不仅适用于零售行业，在很多行业都很适用。比如一些游戏会以低价甚至是免费的方式来引流，但通过好的体验、丰富的场景和多样的品类来吸引客户，让玩家除了进入游戏角色之外，还需要购买角色相关的各种皮肤和配套的商品等。如此一环扣一环，不断地刺激用户持续消费，以在给予玩家良好体验的同时，增加用户的粘性和购买意愿。所以在设计这种模式时，一定要不断增加用户流量，以此来实现持续复购的消费模式。

每一个用户的背后，都有一个流量池，可以为企业所用，激活的载体和激活的方式方法很关键。不少企业将用户发展成为合作方，充分发挥用户的价值，如此便催生了一种合伙人模式——用户合伙人。

不管是做线下地推还是做线上营销，最重要的就是将用户发展成为销售者。每一个用户背后都有属于他自己的资源，让他利用自己的社交分享，如微博、朋友圈、抖音等社交媒体来分享产品，以此为产品带来更多的流量。还可以将原本放在传统媒体上的广告费用直接让利给用户，让他们在这种模式中也得到好处。这种自我发展式的团队模式拥有很高的效率和利润。

在用户合伙人的模式当中，首先要分析用户的需求，它的需求主要来自哪里。有的用户想贪小便宜，有的用户想赚钱，还有的用户想把自己做成一个 IP，不同的需求所采用的合作方式也不相同。这非常关键，因为只有了解用户的需求，才能知道他接下来的行为模式。所谓用户行为，就是利用用户的画像，通过社交软件邀请好友参与活动，推出平台的需求，以此来增加用户的活跃度。只有将用户需求与企业需求融合在一起，才能通过激励的模式，让用户参与企业的业务，实现双方的共赢。

2. 充分利用企业与用户的关系演变

用户发展的整个过程，其实就是客户关系不断发生变化或迭代的过程。对于很多用户来说，这种角色上的变化至关重要，因为合伙就是企业跟用户之前的关系发生了变化。企业与用户最早是销售者与消费者的关系，现在企业将消费者变成了营销者，这类营销者可能间接营销，也可能直接营销。直接营销就是直接卖产品，间接营销就是做传播、做广告。

在微商和直销模式中，针对 C 端，采用用户介绍消费、积分升级的方式，在利益层面上对销售的用户进行激励。比如让用户参与到企业的业务当中来，参与到产品的运营当中来，甚至让用户变成企业的投资者或合作伙伴，以此来提高用户的粘性，激发用户的积极性。相比于以运营为导向的传统销售模式，以利益驱动来实现社交裂变，通过更广泛的人脉及各种资源将用户变成分销商，借助用户的朋友圈来拓展用户。

至此，企业与用户之间的关系演变成一种合作关系。最早的客户关系是一种交易关系，现在通过利益捆绑，使企业与用户成为一种利益关系与伙伴关系，让用户成为企业的分公司总经理、代理商或投资者等不同的合作关系。

无论是哪一种合作模式，必须注意用户的迭代与价值。用户的价值实际上就是这个用户能给企业带来多大的产值，比如说粉丝或社群，在互联网时代，企业需要的就是用户背后的流量，产生粉丝经济效应。找一些流量大的IP过来，比如当红明星、带货主播，将他的粉丝转变为客户群体，形成相互促进的社群化营销，产生羊群效应，合伙的目的就达到了。事实上，从原来的粉丝经济变成社群经济时，用户的忠诚度会越来越高，甚至会把身边的朋友一起拉进来，这样用户的流量越来越大。

这种模式主要提升用户的参与度，从原来的被动参与变成主动参与，原来的利益分歧也跟着发生变化。以前是企业出售产品，企业赚用户的钱，现在是用户购买产品，企业不仅卖了产品，用户也能从中分到一定的利润，利益关系的变化将用户与企业紧紧地捆绑在一起，让他们自觉自愿、真心实意地为企业宣传产品，实现用户本身的最大价值。

3. 寻找用户合伙人的四个策略

（1）用户必须是产品的使用者，而且认同产品

只有认同产品，他才可能积极去推广。同样的，如果他没有使用过这个产品，自然不会真心实意地去推荐。

（2）用户背后有一定的流量基础，有自己的人脉资源

如果他只是单一地使用，又没有人脉资源，即便与他合伙，也无法产生理想的价值。

（3）朋友圈的流量是主要的目标群体

在最早的培训行业中，有些行业会让企业家通过朋友圈介绍朋友过来，当介绍的人数达到一定程度时，就能享受学费全免的优惠。这是因为在对方的朋友圈中有企业的目标群体，通过他的宣传，便能直接带来新的用户。

（4）渴望额外收益的使用者

如果用户不想在使用产品的过程中获得额外收益，即使他背后拥有企业的目标客户，最终的效果也会不明显，因为不会持续地进行下去，宣传的效果自然大打折扣。所以，一定要进行利益捆绑，通过用户流量带动消费流量。当整个消费流量得到提升之后，自然而然就会提升企业的整体销售额。

4. 构建用户合伙模型的四个层面

（1）消费者：快速拓展消费群体，提升客户流量

如果从消费者层面来构建用户合伙模式，必须利用好消费者聚集效应，即通过一部分消费者来带动另一部分人来消费。这种模式通常以最低端的免费作为入口，目的是快速拓展消费群体，提升客户的流量，通过筛选目标客户进行买单转移，在后端继续产生消费。

这种方式现在流行于很多行业，特别是培训行业和教育行业，最初免费让用户体验，后端再采用一定的手段增进消费。因为现在拓客的成本日益增高，前期必须采用一些手段，把产品的优惠给用户，通过口碑传播带动产品的流量。不仅如此，用户的流量也会跟着涨起来。但是需要注意思考的是，如何设计企业的营销策略，能不能快速完成拓客和提升用户流量的目的，之后如何进行后端产品的销售，实现盈利收费。

这种模式最成功的便是拼多多，将消费者聚集在一起，进行打包消费，从而降低成本。用户在购买之后，想要获得更低的价值，就会叫朋友跟着一

起买，或通过拼单的形式让用户帮助企业寻找消费者，能精准地找到客户群体，让他们去买单。要实现这一点，企业必须进行一定的让利，让出去的利润就是拓客的成本，相当于企业把原来拓客的费用让给了消费者。所以，拼多多在短短的几年内增长非常快，因为这种模式带来了流量的提升。

再比如现在流行的团购模式，先在朋友圈发起团购，吸引身边的人参与，参与就进行下一个环节，一起去拼、去分享，最终的结果还是一起买单。其实背后的逻辑很简单，想要用更低的价格购买，必须有更多的人一起团购，为了获得低价，用户一定会拉人进来，产品的流量快速增长。

通常企业为了拓客，必须拥有许多代理商，同样需要让利，而且效果不理想，成本越来越高，还不如把这部分利润让给用户，让用户变成了代理商，让用户自己去寻找其他的客源。企业不用自己去找客户，而是让用户去寻找客户，然后把中间的代理费用让给用户，这种模式与传统的代理模式相比，能带来更快的裂变。

通过互联网，企业还会节省库存成本和现金结算周期。传统的代理模式有结算周期，在结算周期内必须有足够多的现金来支撑，但是这种模式没有，因为它的现金流非常好，没有账期，都是直接到账，利于企业的后续发展。

不仅如此，这种模式对年轻人而言也是一种社交模式，让他们聚集在一起，变成一种游戏。大家都觉得好玩，于是都拼了起来，一起省一点点钱。现在的人实际上并不在意所省的这点钱，而是享受拼团的过程，将消费变成一种娱乐化的游戏方式。

拓展消费群体还有一个方法就是跨界合作。西安某文化公司 RX 做 3D 立体书时，遇到过很多困难。传统的卖书方式通常在购书中心做批发，但是这样做的后果是账期很长，在小书店销售则运转周期很长，通常大半年也卖不出去一本，最后书也找不着了。在这种模式下，RX 公司完全不知道用户在哪里。传统模式下的代理商也是如此，企业与用户之间完全没有联结，只知道产品给了代理商，根本不知道有没有用户，这样就没办法拓展业务。

于是 RX 公司想到一个办法，它做了一个 APP，然后找到了一个跨界的合作伙伴——美赞臣。美赞臣卖奶粉，针对的是儿童，RX 公司做的是儿童书籍，目标用户相同。通常奶粉销售会有许多赠品，RX 公司的书对孩子成长有帮助，刚好可以作为奶粉销售的赠品。通过美赞臣的流量拓展了自己的客户，美赞臣每卖出去一罐奶粉，就会给 RX 公司带来一个用户，在书后面加入 APP 的二维码，将用户导入 APP 中，用户可以通过 APP 直接购买书籍，不需要再与书商合作。这种跨界的合作就是一种共生共赢，RX 公司找到了自己的发展途径，用最少的投入换取了最大的回报。

（2）营销者：建立粉丝入口，把消费者变成卖家

在消费者模式之上的是营销者层面，营销者是通过地域优势建立粉丝入口，通过口碑经营，共同分享获得的利益，将消费者发展成为潜在卖家。但是要建立这种模式，有一个重要的前提，必须拥有一定的粉丝量才能成为卖家，如果只有极少量的粉丝就不在考虑之列。营销者必须具备持续的能力，只有这样才能给企业带来更多的流量。

曾经网上有一个叫石榴哥的网红，他拥有很多粉丝，这些粉丝专门去买他的石榴。虽然石榴哥并没有进行商业化的销售，因为他拥有庞大的粉丝群，所以石榴自然卖得很好。从某种意义上讲，当他拥有一定的粉丝群，就意味着他拥有了拓客的能力，这种拓客的能力正是企业所需要的，所以企业要善于运用这类人背后的资源，通过一定的激励手段激发拓客能力，将用户导入企业之中。

这种模式有很多种操作方法，主要通过传播提升产品流量，通过分享后获得积分，或者直接设置一个流量入口，只需要分享就行。微商刚出来的时候，就是这样做的。用户开了微店之后，通过自己的朋友圈传播出去，然后记录每一个客户的来源，获取一定的分成。对这类人来说，只需要一个转发的动作即可。现在很多公众号也是这种模式，作为一些流量入口，通过大 V 在公众号或微信上说产品不错，接着转出一篇文章，在文末加入购买链接，自然

而然地将粉丝导入销售页面中。

事实上，这就是消费者的偶像效应，偶像用什么，粉丝就跟着用什么，这背后就是营销的逻辑。当然，对于这类用户，必须设置拓客奖励，最好拥有自己的分销系统，或是利用现在的平台，这种营销模式所带来的效果十分明显。

（3）参与者：充分利用现代社交方式，让消费者参与其中

趣头条是一个内容分享平台，在几年内发展得非常快。它就是采用这种模式让客户快速裂变，用户注册完成后，发放一定的任务，通过做任务赚取阅读金币。阅读金币可以变现，甚至鼓励用户拉人进来，然后给予一定的返现奖励。通过这种方式，趣头条在非常短的时间内获得了足够多的流量。原来的拓客费用直接让给了用户，利用用户去寻找用户。

无论是积分，还是做任务，或是在线签到，都是为了增加用户的在线时间。用户上线的时间越长，展示产品的机会就越多，未来的广告植入的机会就越多。用户的每一次接触都变成一种营销产品，在使用的过程中间一定会有植入性的广告，所以用户接触越多，营销的机会就越多。现在的互联网都在想办法挖掘用户的在线时间，无论是腾讯、阿里，还是百度，谁抢占用户的时间长，谁的经济价值就更高。

这种模式对年轻人来说非常具有吸引力，在任务中心有很多任务刺激他们赚取积分，每天查看阅读收益，甚至红包邀请。在某种意义上，趣头条通过游戏化的方式让用户进来，在阅读过程中不仅可以获得利益，还能体验到乐趣。将营销娱乐化，给予用户不一样的参与体验。

趣头条成功的背后其实是一种社交的裂变，通过这种方式来刺激用户产生更多的购买行为，提高用户的粘性。这种社交的裂变就是现在互联网2C模式的升级，如何将单一的产品变成一种工具，通过日常的使用从低频转化为高频，而不是一次性地使用。同时，将人变成一种社交平台，通过游戏化娱乐化占取更多的用户时间。事实上，当工具化和社交化转化成游戏化和娱

乐化之后，用户就从原来的使用需求变成了一种交流需求，充分参与到产品的使用和维护中来，不仅如此，用户还能从中获得利润。

激光切割机是一种工业产品，出了问题必须进行维修，整个周期很长。如果将这种产品变成一种工具，效果就会提升很多。有一家企业首先在激光切割机内装远程控制设置，导入传感器。接着把记录的信息收集回来，导入技术平台中，如果发现问题，通过技术人员在线解决问题。这种方式大大降低了维护成本，而且将技术人员的知识和水平通过平台沉淀下来，相互之间的社交能解决大部分问题，甚至通过这些维修者或技术人员，传播产品的口碑，将维修人员和技术人员也变成一个营销的入口。通过这样的平台，把所有的维修人员和使用者聚集在一起，既是一个技术问题的切入口，也是信息技术交流的场所。

当然还有一些参与是以客户需求为导向的方式来绑定粉丝，让用户参与到产品的开发测试中去。小米最早便找来很多粉丝大力参与到产品研发当中，通过粉丝的使用，给产品提建议，然后进行综合改进。在某个层面上，用户提取的意见得到改善后，用户一定会去购买，所以在产品未上市之前，便拥有了一部分购买者，这些潜在的购买者导入进来后，就能做一些前置性的消费活动。

（4）合作伙伴：将用户发展成代理商，共同享受利益

当用户成为参与者之后，对产品的兴趣会越来越浓，这时将用户发展成为代理商或经销商，让用户成为一个独立经营的个体，实现从消费者到营销者的转变，共创共享利益。这种模式就是将用户发展为合作伙伴，参与到企业的项目投资中。

又或是开一家小店，或是一家网上商城，需要更多的用户参与到未来的经营当中。先把用户吸引进来，发展成为合伙经营连锁关系，从原有的单一需求和利益需求，继续向下发展，构建用户一体化。这时，企业不再只是推销产品，而是真正以用户为中心，通过用户代言的方式来创造更多的用户。

传统的产品推销，以推销员为中心，而不是以用户为中心。推销员的能力决定着产品的销售份额，但是随着时代的变革，互联网时代的消费者对产品有着更高的要求，推销员越来越难做。所以企业要转变思路，让用户参与到产品之中，做到以用户为中心，通过用户去发展用户，让用户自己去销售。用户购买过、体验过产品，宣传起来更有说服力。因为他本身就是用户，而不是经销商。所以企业要做的是如何驱动用户主动去传播。

在这种模式下，整个传统流程必须做出改变。以前传统企业先进行调研，通过调研的结果来开发产品，产品开发出来后，通过广告宣传投入市场，即使效果不好，也继续往上推。传统模式下的企业要先有知名度，用户不了解产品，必须进行推广，以此来提升产品的销售，想尽办法保证用户的忠诚度。这样的结果是，用户让企业不断地投入，企业的宣传成本越来越高。

在新零售的互联网时代，性质发生了巨大的变化，必须先培养用户的忠诚度，有了忠诚度，用户才会相信品牌，才会点赞，才会主动推荐给身边的人。这就是互联网时代的营销逻辑。互联网先要求顾客的忠诚度，所以很多企业将精力花在用户的培养上，进一步将用户发展成为合作伙伴，建立利益共生关系，充分利用好用户的属性，让用户寻找更多的客户。企业需要做的是不断地寻找和匹配新的用户，并维护好这些用户的关系。

【经典案例】云集创始人的思维突破

这几年，社交电商发展得非常快，最突出的就是云集。云集将目光放在那些利润较高的产品上，比如美妆产品或母婴健康食品，这类产品的数量非常多，它只要做好仓储物流就行了，让消费者变成店主，主动拓展消费群体，再把利润让给消费者。

这就是S2B2C模式：S就是平台，即云集，B就是为用户（微店）提供货源、物流、售后等服务系统；C就是C端用户，将产品通过社交的关系直接销售给用户。就目前互联网的发展而言，这种模式有着自己的成长逻辑。现在信息获取的方式从以前的搜索式变成了订阅式，因为同质商品越来越多，用户需要的是精品，需要的是更少的选择。而且越来越多的领域迈向数字化，这就促使更多的商家与互联网平台合作。

云集的创始人有着互联网背景，经过多年的成长和摸索，他渐渐找到一条路。传统的电商模式就是开店模式，比如在淘宝开店或是在微信开店，都缺少社交的属性，往往是产品卖了也就卖了，跟客户没有更多的联系。于是他进行了一个突破，改变了传统的思维模式，直接把用户变成一种销售渠道，让他不断地发展业绩。这种模式就是社交加电商，相互之间进行推荐，让更多的人使用产品，用更多的价值获得更多的服务。而且在消费的同时，还能享受到由此带来的利益回报。

传统的电商是人找货，在互联网搜索想要购买的东西，通过对比选择之后决定买或是不买。现在的社交电商是货找人，模式发生了改变，产品已经有用户使用，使用之后，用户觉得产品不错，将产品推荐到朋友圈，或是推荐给某个朋友，所推荐的朋友一定是产品的潜在购买者。

其实在整个社交电商的发展过程中，有些有社交内容的电商，比如网红、抖音，甚至是零售电商和分享电商，在互联网营销领域中已经开始社交化。传统的电商在淘宝和京东难以生存下去，现在有很多新平台导入社群模式，像拼多多、团购，演变成社交微商，不仅进行产品销售，还是一种新型的社交模式。不断地进行迭代，自然能快速发展起来。

当然里面也有一些好的品牌资源，然后再发展社交资源。因为对社交电商而言，好的产品是最重要的；因为没有好的产品，用户口碑就做不起来。所以通过直接采购与好品牌合作，甚至直接与生产厂商合作，即使品牌不大，但是产品的品质有保障，还能最大化降低成本，成本越低，产品的利润空间就越大。

这种模式就是用户利润分成模式，发展到一定的级别后，可以上升为事业合伙人或销售经理。刚开始时，用户帮云集卖货，云集给予一定的分成，等销售到了一定的份额时，用户还能获得上市公司的股份。合伙模式从用户合伙人转变为事业合伙人，用户因而拥有更大的利润空间。

在这种模式下，企业必须管理好所有的用户合伙人，每个用户合伙人之间存在着竞争关系，所以云集设定了竞争奖励机制。比如用户在某家店里购买了产品，就能成为店主。成为店主之后，用户就能对外销售，所销售的产品能获得不同程度的提成，当消费达到一定的额度时还会有额外的奖励。用户成为店主之后，可以建立云币（一种虚拟货币），通过消费云币，购买各种产品，当累积销售额或下面的购买者达到一定的数量时，就能得到提升，从店主成为销售经理。

这种互联网直销模式，与传统直销模式有着本质的区别，不仅鼓励消费，还能获得团队提成。当用户上升成为服务经理后，性质也就发生了变化，合伙人的级别不再是用户合伙人，而是直接参与到企业的利润分成当中，用户自己也能从中享受到利润的分配，享受上级公司应有的期权收益。

云集的社交电商将用户不断发展成为合伙人，用户购买之后，店主有收益，主管有收益，经理也有收益，将产品的拓客成本分配到不同阶层的用户合伙人手中。所以，云集刚开始时虽然投入很大，但是成长速度非常快，现在拥有700万用户，市值超过20亿美金。其发展的根本就是内部运营体系化、数字化，通过社群工具化的模式，让店主成为产品的代言人、媒体甚至是销售渠道。所以，云集的成功是模式的突破，让销售变得更加简单。

云集的迅猛发展主要得益于社交能量的强劲爆发和消费升级的红利。作为登陆国际资本市场的中国会员电商第一股，云集在会员制的基础上创新融入社交基因，进而促进会员的发展与裂变。同时，通过优化供应链体系，强化商品品质把控，并通过平台效率的提升，致力于满足用户购物诉求和线上体验，进而实现了快速的发展和成长。在"强关系"社交驱动下，激发用户购物需求、推动高品质生活享受，这是成为云集未来继续保持增长的重要助力。

第三节 城市合伙人：突破传统格局，低成本换取高额回报

1. 跨区域扩张的城市合伙人模式

（1）什么是城市合伙人模式

城市合伙人模式是指为达到公司业务对外跨区域扩张的目的，实现公司业务拓展，以及服务本地化，通过整合当地的资源方，共同出资设立子公司或虚拟公司的模式。

设想一下，公司开在深圳，计划去别的城市拓展业务，比如陕西、河北、江苏等地。通常采用的方法是公司在当地设立分公司，然后指派负责人过去。在这种模式当中，好的方面是公司总部对区域的把控力较强，有助于保证公司产品服务的标准化和规范化，但因分公司所需要的人力、财务、物力都来自总公司，而且派驻的人员多是公司的业务骨干，对总公司的业务也会产生一定的影响。在新城市所开设的分公司，由于负责人并不熟悉当地市场，没有当地的业务基础，所有的一切必须从零开始，带来了较大的失败风险。

业务的拓展是一个不断熟悉市场的过程，需要时间的积累，从来不是一蹴而就的。在这种情况下，企业的业务拓展必然遇到困扰，但是企业又必须通过发展区域市场来拓展业务，所以需要一种全新的模式，减少企业拓展所带来的风险。

经过调查发现，每个城市都存在着同行，也就是与企业有着相同或相似的经营业务，而且这些人在当地往往会形成一个势力范围，想要有效介入，最好的办法就是通过城市合伙人的模式，直接整合当地较成熟的资源，达到企业对外的保障，实现企业业务的拓展以及使服务本地化。

通常有两种不同的方式，一种是开设分公司，另一种是虚拟公司，无论哪一种方式都能满足企业在当地的业务渗透。如雅迪电动车的整个业务扩张模式呈现全面辐射的形式，这种模式都是由各地的经销商来完成的，是一种常用的城市合伙人模式。

（2）采用城市合伙人模式的好处

有些企业的业务策略在南方非常适用，符合南方人的文化特征和消费习惯。但是当企业进入到北方市场时，因为不了解北方人的消费习惯，很多业务策略起不到任何作用。因为在当地企业拥有独特的产品，领先的技术和高效的服务体系，但是一旦换了地方，之前成功的经营和方式不一定适用，因为不同城市的消费者所注重的方面、关注的重点是不同的。有一家做电子设备的企业在南方市场做得非常好，占据了华南区域大部分市场，可是当它进入北方市场时，因为业务人员不适应北方的市场模式，导致企业拿不到足够的订单，最终导致失败。同样，我们也见过很多企业，在北方的市场发展如火如荼，但转战南方市场以后就开始呈现出"水土不服"的情形。

因此，很多企业在拓展业务时，都会选择城市合伙人模式，为的就是避免子公司在地方发展时受到的各种限制。具体来说，城市合伙人模式的好处有以下几点：

① 借助当地合伙人的资源能力，能快速拓展业务；

② 使企业服务本地化，向就近用户提供产品或服务；

③ 减少企业开设子公司的成本支出和失败的风险；

④ 避免与当地具有一定实力的同行形成直接竞争，同时避免"水土不服"的现象。

所以，当企业想要对外拓展市场的时候，比较合适的方式就是与当地同行或产业相关的伙伴进行业务合作，通过当地人来打通市场，因地制宜，实现共赢。

（3）城市合伙人的三种模式

① 基于股份合作的合伙模式

母公司拥有成熟的经营模式、管理系统、营销经验和各种资源，母公司可以将这些全部都毫无保留提供给城市合伙人，与其共享，帮助城市合伙人用最快的速度、最省力的方式尽快在当地开展业务。同时，母公司会设计出合理的收益分配机制。这种模式符合在《公司法》中对有限合伙人与普通合伙人公司的设置基础条件的解释。

② 低成本投入的合伙模式

在这种模式下，城市合伙人不需要与母公司正式签署《劳动合同》或者持股协议，合伙人也基本不需要支付费用，母公司来进行投入、输出标准化流程，合伙人则需要自行整合货品、品牌、渠道、物流等各项资源。但这种合作方式，对城市合伙人的自身实力有一定资质要求或门槛标准，合伙人资金投入较少，所获得的相关收入也是纯佣金。

③ 需要缴纳保证金的合伙模式

在成为城市合伙人之前，需要向母公司缴纳一笔加盟保证金，母公司向区域合伙人提供产品、设备、技术及相关资源等，合伙人与公司按协议进行收益分红。其他方面与第二种模式类似。

2. 城市合伙人的基本原则

在城市合伙人中，需要注意几个基本原则：

（1）共同出资

通常企业想要在另一个城市设立子公司，如果涉及固定资产或固定投入，在原则上城市合伙人必须与企业共同承担，不应该由企业独自出资。

（2）优势互补

在一定程度上，企业与城市合伙人属于优势互补的关系。如果企业已经有了足够的资源，有了强势的入驻能力，那么就没有必要再寻找城市合伙人，因为企业本身的业务范围已经覆盖了这个城市，完全可以通过企业自身的实力把分公司做起来。只有当企业在当地没有足够多的资源，需要借助当地人的资源，形成一定的优势互补时，才适用于城市合伙人模式。当然，城市合伙人在与企业合伙时，一定要考虑到自己的资源能与该企业形成互补，避免出现资源重叠的现象。

（3）收益共享

在建立合伙人关系后，所产生的收益，尤其是新的子公司所产生的业务收益，一定是城市合伙人与企业共同分享，并且要制定透明、合理的分配机制（这个分配机制可以不用遵从出资比例，由双方协商确定），使企业与城市合伙人的利益捆绑在一起。只有这样才能调动城市合伙人的积极性。

（4）风险共担

任何一家新的企业，不论是子公司，还是总公司，都会存在一定的风险，即便选择合适的城市合伙人，也可能出现亏损的情况。那么，在企业发展过程中所遇到的风险，应当由企业与城市合伙人共同承担。尤其是出现重大危机时，城市合伙人必须站出来，与企业共同承担责任，而不是由企业独自承担。

3. 城市合伙人的本地化目的

对企业总部而言，本部可能拥有一套完整的业务流程。从前端的市场营销，到技术研发，到整个采购物资供应，再到生产或交付，到仓储运输，最后到客户服务。对于服务型企业，流程虽然可能发生一些变化，但同样是通过市场营销来带动产品销售，核心的业务流程基本是相同的。

在这个基础上，城市合伙人模式拥有六个本地化目的：

（1）销售本地化

即通过城市合伙人实现在当地销售产品，完成既定的销售目的。

（2）服务本地化

在总部进行集中销售，但是在当地必须有产品特征的呈现方式，必须建立完善的售后服务，通过强大的服务体系来稳固市场。在这种情况下，服务必须靠近客户，给予客户实质性的帮助。

福建有一家做高铁防腐预埋件的企业，最大的客户来自北方，而且河北也拥有大量的原材料市场。于是在邯郸开设了一个分厂，并与当地做钢材贸易的企业进行合作，用最少的投资达成了目标。这些企业采用城市合伙人的核心需求是为了靠近原材料，靠近企业的目标客户，实现利益最大化。

（3）交付本地化

有些产品存在着运输半径，一旦超过这个范围，产品的性价比就会降低，失去了价值优势，所以企业可以考虑在本地进行交付。天津某公司想将防水材料做成全国性业务，但是这种产品涉及运输半径，于是他跟当地工厂进行合作，从而降低了成本，提高了产品的性价比。

（4）销售服务本地化

在本地不仅进行销售，还提供确切的服务，保证企业业务的正常展开，维护企业的品牌形象。

（5）销售服务交付本地化

最大化节省成本，包含在本地进行销售、服务、交付等一系列商业活动。

（6）全流程本地化

将企业的服务流程搬移到本地，让本地客户享受到本部的标准式业务流程，不仅有技术开发，也有生产加工和销售服务。

基于以上不同的合伙目的，可以划分为四种不同的合伙方式，即城市销售代理、城市销售公司、销售服务公司、全流程公司。其中城市销售代理最主要的目的是完成销售目标，城市销售公司主要是为了给当地客户提供完善的服务流程，销售服务公司提供销售和服务，全流程公司则是为了提供整套服务体系。在目前的城市合伙人体系中，前三种模式最为普遍，第四种相对较少，这是因为地域的限制和文化的限制，必然导致企业本部与本地销售形成差异。

在选择城市合伙人的时候，我们需要考虑企业本地化的目的究竟是什么，是整合资源，还是提升业绩，不同的目的，所考虑的对象和选择的方式也不相同。

　　不过，统一的标准都是具备一定的当地资源能力和资本能力的对象。一个合格的城市合伙人，必须具备一定的资源。首先是客户资源，有些企业本身的客户与我们存在着相似性，直接与他们进行合伙就行了，将他们的客户转化为本部的客户，一起合作成为一个分公司，提供更完善的服务。还有就是渠道资源，当地企业有一个完善的销售网络，也可以直接进行合作。然后就是团队、资金、资质和人脉关系，这些都是在选择城市合伙人时需要考虑的问题。如果对于专业性比较强的企业而言，还需要在相关专业程度方面设置门槛和要求。

　　无论如何，城市合伙人能帮助企业快速打通本地市场，是企业拓展业务的有效途径，只有选对合伙对象，才能呈现出最大的利益。

4. 业绩对赌：先创造价值，再享受整体利益

　　在城市合伙人模式中存在业绩对赌和股权置换的模式。这种模式对企业都有一定的要求，企业未来的蓝图中必须有一个资本规划的板块，也就是企业未来可能具有资本价值。那么该如何操作这种模式呢？

　　对业绩对赌而言，在城市合伙人的合同中，必须有一个业绩上的承诺，只有为企业创造了价值，才有资格分享企业的整体价值和利益。无论是销售公司，还是销售服务公司，还是全流程公司，作为城市合伙人，必须把手里的资源贡献出来，从客户资源到渠道资源、团队资源、人脉资源等，作为一个媒介来搭建关系，而且它的收益一定是来自城市公司。

　　中力的主要板块除了培训，还有上市服务板块、商业智能 SaaS 板块、产业服务和投资等板块。当中力的业务要对外扩张时，如果在成都有一家企业，培训做得非常好，拥有很多客户资源，这时中力就会考虑与这家企业进行合作，成立一个服务于当地的公司。在这种情况下，这家培训企业将原来的客户资源转化为中力的客户资源，从而实现销售业绩的目的。但是成都的合伙人所获得的利润一定来自成都，因为当地的服务是企业收益的主要来源。

对中力而言，成都的合伙人只是完成了一个项目的销售，或者说是中力的一些服务本地化，为成都的客户提供了中力的服务，而中力的根本还是在总部深圳，包括咨询团队、上市服务团队、产业服务和资本服务团队，也就是说成都的合伙人只是整个中力业务流程中的一个环节或两个环节，企业总部与地方子公司不存在着价值关联，所以它本身不具备资本价值，只是一种获取利益的模式。在这些城市合伙公司中，所有的收益来源都源自于这家公司，只有这家公司产生了收益，股东才可以获得分红。

假如中力有整体的规划，未来本身也有属于自己的资本规划，在整个产品规划和资本规划当中实现一体化整合。将来中力成功上市，城市合伙人就不能享受中力上市以后所带来的资本价值，因为中力上市并不代表着地方公司也上市，总部的资本价值与他们没有任何关系，因为城市合伙人的股权不在总部，而在地方的子公司。

既然如此，那么还需要做城市合伙人吗？享受不到既定的价值，又何必贡献出自己的资源？要解决这个难题，就必须为企业创造更多的价值，如果总公司上市，股东们可以分享到这种价值与既定的收益。这时城市合伙人必须承诺一个业绩，比如每年做到多少业绩，平均业绩达到的数额，三年累计业绩达到的数额，如果城市合伙人兑现了这个承诺，那么可以将地方公司的一部分股份转换到总公司来。这样一来，城市合伙人通过自己的努力，拥有了总公司的股份，当总公司上市之后，城市合伙人就能享受到上市后的红利。在合伙的过程中，城市合伙人贡献了资源，也享受到了企业应有的资本价值。

在城市合伙人中进行业绩对赌，必须注意以下几点：

（1）明确对赌的主体。所谓对赌的主体就是公司与城市合伙人，不是公司总部与地方子公司。公司总部作为一个主体与地方的城市合伙人签订对赌协议。

（2）明确启动股权置换的业绩条件。包括时限、业绩要求等内容，需要几年的时间，业绩必须达到什么样的要求，必须明确清楚，不能有半点含糊。

（3）明确对赌的程序。必须签署对赌协议，对赌协议签署之后，关于业绩要求和研发计划的股权，一旦条件成立，双方必须履约。

事实上，业绩对赌是企业总部吸引城市合伙人最重要的筹码，属于一种激励手段，目的就在于，通过置换总部的股份来实现企业与城市合伙人的共生与互赢。城市合伙人所负责的地方公司，通过自己的努力所取得的业绩，转化为企业总部的股份，享受将来总部上市后的红利。所以，城市合伙人不仅能从地方子公司中获得利润，还能从企业总部获得利润，对城市合伙人而言拥有了更多的利润空间。同样，对企业总部来说，将城市合伙人与企业的利益捆绑在一起，有利于地方子公司的发展，帮助企业拓展地方业务。但是在实现操作过程中，业绩对赌只是第一步，还涉及股权置换的问题，通过设置合理的股权置换模式，能最大化实现企业总部与城市合伙人之间的利益关联。

【经典案例】爱尔眼科首创的中国医疗行业"合伙人"计划

由于爱尔眼科找到了最适合眼科医疗服务机构的发展模式——分级连锁模式，因此实现了从做大到做强的战略演变。从而，一跃发展成为民营眼科连锁医院的龙头企业。

从省会级城市医院开始，形成省、市、县（区）的区域分级以及同城分级的网络连锁。由下级医院为上级医院输送眼病疑难病例，由上级医院为下级医院提供技术支持，这就是爱尔眼科独具特色的"分级连锁"发展模式。

爱尔眼科将核心管理人才与核心技术人才作为合作股东，与爱尔眼科医院集团股份有限公司以新建、扩建或者并购的形式，共同投资建立新医院。在新建医院达到公司预估的盈利水平之后，股份公司依照证券法相关法律法规，通过支付现金或者发行股份的方式或者二者相结合的方式，以公正公允的价格收购合伙人所持有的医院股权。通过采取有限合伙企业的实施方式，对核心管理人才与核心技术人才进行点对点的定向激励。

爱尔眼科股份有限公司在公司体系之外新设立的连锁医院平稳盈利之后，通过股票＋现金的方式进行并购：

1. 为了保证母公司对连锁医院的控制权，爱尔眼科设立下属子公司作为员工持股的 GP；

2. 员工持有初创阶段连锁医院的股份，为了早日争取被爱尔眼科医院集团股份有限公司收购套利，员工会更加尽心尽力地工作；

3. 爱尔眼科上市公司为了有效地进行市值管理，进一步增强上市公司的盈利能力，不断收购优质连锁医院；

4. 连锁医院合伙人及基金投资人在连锁医院被爱尔眼科上市公司收购之后，一部分换得爱尔眼科股份，一部分获得现金套利。

主管部门对医疗资源的规划，致使每个省会城市一般只能审批 2~3 家眼科专科医院。爱尔眼科全国性的网络布局有效地抢占了更多的市场份额，同时也有力地阻碍了竞争对手进入市场。爱尔眼科庞大医疗服务体系的形成，主要依赖爱尔眼科股票利用股权激励以及合伙人计划留住了各地区的核心人才资源。

利用自有资金、医疗产业并购以及定向增发等多种形式不断扩张，爱尔眼科从 2009 年上市时的 10 多家医院发展成为至今在中国内地拥有 700 多家眼科医院和中心的龙头企业。

合伙人计划的实施，激发了员工的主观能动性，使员工的责任感和使命感大大增强，公司业绩得以飞速提升。随着医院的快速发展以及盈利水平的稳步提高，合伙人的红利薪酬等收益得以大幅提升，从而进一步激励了员工的工作积极性，形成了全员一心的良性循环。2017 年天津爱尔眼科医院有限责任公司营业收入增长约 40.72%，净利润增长约 95.65%；郴州爱尔眼科医院有限公司扭亏为盈，仅仅用了一年时间，2015 年的净利润增长幅度就超过了 600%。

　　在竞争激烈的资本市场中，"得人者兴，失人者崩"这句话同样适用。企业发展壮大的核心因素就是懂得"人"在企业中的使用，爱尔眼科深谙其道，所以很多人都评价说爱尔眼科是一家眼光独具的"聪明"的公司。

第三章
蓄势腾飞：基于产业生态的整合

第一节 资本合伙人：利用股权融资，
解决企业发展的资金问题

1. 民营企业成长之殇——资金

企业在发展过程中，资金是制约其快速发展的一个重要因素。有了资金的加持，企业的发展就像插上了翅膀，可以更快速地实现企业目标；缺少资金，企业发展就受到钳制，举步维艰。

民营企业尤其如此，当企业处于快速发展阶段，往往对资金需求量很大，常处于缺少资金的捉襟见肘状态。

提及民营企业融资途径，我们首先想到的是去银行融资，需要土地、厂房、股权等资产进行抵押，手续繁琐，融资周期较长。有些企业信用较好，可能会有一些信用融资，但额度相对较低。所以大家对银行的感知就是银行通常只会锦上添花，从来不会雪中送炭，当然这与银行的风控体系有关。

有些企业会联合起来进行相互的担保融资。比如 A 企业为 B 企业担保融资，B 企业又为 C 企业担保融资，最终形成一个担保圈；这种担保存在着巨大的风险，在企业的发展都很好的情况下，不会出现问题，但是某一个被担保方出现问题时，整个担保链都会受到影响，因为大家都在为别人担保，自身也会跟着出问题。以前温州企业"倒闭潮"就与连环担保融资有关，在企业经营不景气的情况下，企业间担保融资加速了更多的企业倒闭，担保融资在企业倒闭潮中扮演了助推剂的角色。

有些企业甚至动用了民间高利贷融资，结果可想而知，高利贷就是个大泥潭，越陷越深，致使企业倒闭破产。市面上的高利贷远远高于企业的净利率，所以高利贷对企业来说是一条不归路，不到万不得已，不要动用。

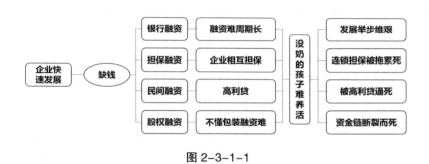

图 2-3-1-1

不管哪种融资形式，如果因为资金链的问题，企业无以为继，企业很快就会破产。

2. 在不同阶段选择不同的资本合伙人

对企业而言，股权融资是一个相对不错的选择，不需要支付利息。但很多企业不懂得包装自己，没有提炼呈现自己的优点，不会讲故事，项目不够有吸引力，不懂甚至排斥股权融资，缺乏资本思维，所以拿不到资本方的投资。股权融资相当于卖公司的股权，股权值多少钱、什么时候卖合适、卖多少合适，这些都是需要规划和设计的。

资本合伙人，即在公司发展过程中，为公司提供资金的人，资本合伙人贯穿企业发展的各个阶段。可能是创业阶段提供资金的创始股东，也可能是为企业提供贷款等融资方式的金融机构，也可能是以股权投资入股的专业投资机构。

不管是哪种资本合伙人，诉求都是一样的，都是围绕利益进行。以财务方式提供资金支持的资本合伙人追求的是短期利息等收益；以股权投资形式提供资金支持的资本合伙人追求的是未来股权退出收益。财务资本合伙人看中的是企业还款能力及债权的安全性，所以对企业的运营能力、盈利能力、现金流量等较为看重，关注的是短期偿债能力；股权资本合伙人看重的是长期股权收益，对企业短期的盈利能力、股东分红等不是很看重，看重的是企业未来的价值。

一个合格的资本合伙人背后定然拥有雄厚的资金实力，所以资本合伙人的选择很重要。企业在发展过程中，应当做好资金规划，在不同阶段选择不同的资本合伙人。

股权方面的资本合伙人通常叫作股权融资，分为财务投资人和产业投资人。财务投资人是专业的投资机构，属于私募股权投资机构，所关注的重点是投资回报，能不能获得可观的收益，并不要求控制企业，不寻求控制公司股权。这类投资人主要投资的是未来，比如很多人都有听说过类似投资一千万，三年后赚回一个亿的成功投资案例。与之相对应的就是产业投资人，这类投资人不像财务投资人那样看重回报，而是看重对企业的控制。比如控制董事会，控制企业的经营方向，进行战略布局，实现产业协同。产业投资人的目的主要是将企业变成产业布局上的一颗棋子。比如对雷士照明的投资上，软银赛富关注的是投资回报，属于财务投资人，而施耐德则进行的是产业布局，属于产业投资人。

所以在选择投资机构时，一定要根据企业不同的发展阶段进行选择。企业早期主要是谋求发展，更侧重于财务投资人。当企业发展到一定阶段后，需要进行产业布局，这时必须引进产业投资者，结合产业合伙模式，以提升企业的产业格局。

3. 资本合伙人：财务融资合伙人

　　财务融资类的资本合伙人为企业提供了发展资金，帮助企业快速走出困境。常见的财务融资包括债务融资、贷款融资、信托融资等形式。发行债券融资在上市公司中比较常见，非上市公司达到一定条件也可以发行债券融资，债权融资的利率比银行贷款高不少。财务融资类的资本合伙人又可分为债权和股权两种模式。债权模式通常为 PPP 模式、供应链金融模式和融资租赁模式。每一种模式都有其存在的根由，必须针对企业的实际情况进行选择。

　　（1）PPP 模式：企业与政府的共赢合作

　　PPP 模式（Public-Private-Partnership），也称 PPP 融资，或者 PPP，是指政府与私人组织之间，为了提供某种公共物品和服务，以特许权协议为基础，彼此之间形成一种伙伴式的合作关系，并通过签署合同来明确双方的权利和义务，以确保合作的顺利完成，最终使合作各方达到比预期单独行动更为有利的结果。

　　中力服务的 A 集团在做供暖项目时，便采用了 PPP 模式。因为供暖项目需要较大的投资，而且分工比较长，所以 A 集团就与当地政府签订了独家特许经营，也就是整个项目都由 A 集团来做（具体合作模式如下图所示）。可是 A 集团在项目推进时，发现所需要的资金远远超过了预期，所投入的资金只能在前端进行一个示范性的项目，要把项目做大，还需要大量的资金。于是 A 集团以 PPP 模式与海尔达成了共识，海尔主要为资金出资方，另外当地政府提供了资金出资平台，最后成立了一个项目公司，由三方共同出资参股，由 A 集团来运营。借助 PPP 模式，A 集团度过了项目执行过程中最艰难的时期，当供暖项目全面铺开后，所迎来的是巨大的收益。

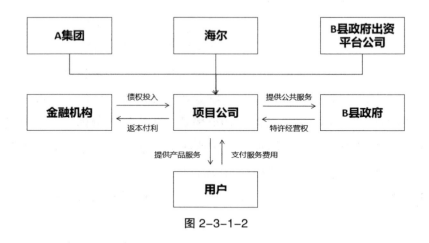

图 2-3-1-2

（2）供应链金融模式：通过信用担保解决资金问题

中小型企业融资难，由此诞生了一些金融机构，提出供应链金融模式，为处在融资关键时期的企业提供金融服务。通过引入三方金融机构，企业不仅解决了融资的问题，还能利用金融机构所提供的金融手段获得更大的发展空间。与此同时，三方金融机构从中收取一定的利息，用户能用最理想的价格及时获得原材料，实现企业、金融机构与用户共赢的局面。

供应链融资是把供应链上的核心企业及其相关的上下游配套企业作为一个整体，根据供应链中企业的交易关系和行业特点制定基于货权及现金流控制的整体金融解决方案的一种融资模式。供应链融资解决了上下游企业融资难、担保难的问题，而且通过打通上下游融资瓶颈，还可以降低供应链条融资成本，提高核心企业及配套企业的竞争力。

L公司是一家专注于"细分作物专业肥料"的研发、生产、销售与技术服务的科技型公司，依托于当地的特色产业和细分作物进行有针对性的产品服务支持。比如当地种桉树比较多，那就推出桉树专用肥；种甘蔗比较多，就推出甘蔗专用肥，通过市场细分找出产品的差异性。在刚开始做这个项目时，L 公司就在资金上遇到了困难，最后采用了供应链金融的模式，成功解决了资金缺乏的难题。如下图所示，首先 L 公司与甘蔗蔗农商议，由 L 公司提供肥料，但是蔗农必须将甘蔗卖给指定的糖厂。糖厂将前期的农资款和利息支付给三方金融机构，比如银行或其他类型的金融单位，再由金融单位将农资采购款支付给 L 公司，以此形成一个闭环。在这个闭环中，L 公司、蔗农、糖厂、金融机构都能获得利益。

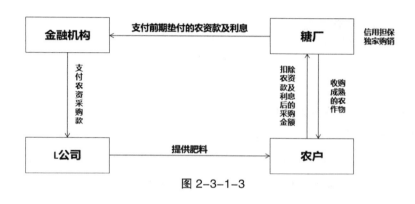

图 2-3-1-3

（3）融资租赁模式：以租借方式降低投资成本

有些重型设备需要大量的资金购买，客户想要购买，但是资金不足，这时就可以采用融资租赁模式。在融资租赁模式当中，上游是设备供应商，中游是租赁公司，包括银行、第三方投资机构，下游是承租企业。银行或第三方投资机构在上游主要起到资金融通的作用，为下游的融资租赁企业提供购买设备的资金。所以融资租赁模式主要是为了销售设备。

例如 HY 油气在开发油井项目时，需要购买几十万个发电机组，需要大量的资金。通过融资租赁公司向葛洲坝重工购买设备，然后租给 HY 油气，再由葛洲坝重工进行维护。在这个过程中，葛洲坝重工销售了设备，融资租赁公司作为中间机构，收取租金获得利益，而 HY 油气用最少的投资拿到了设备，保证项目顺利进行。

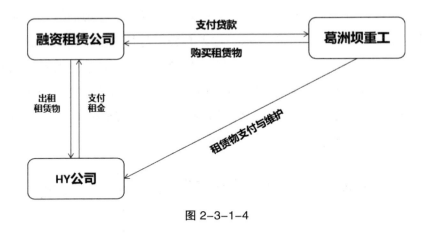

图 2-3-1-4

4. 资本合伙人：股权众筹合伙人

股权众筹是指公司出让一定比例的股份，面向普通投资者。投资者通过出资入股公司，获得未来收益。这种基于互联网渠道而进行融资的模式被称作股权众筹。另一种解释就是"股权众筹是私募股权互联网化"。

股权众筹合伙人是指通过股权众筹模式寻找合伙人。事实上投资人与众筹发起人之间所存在的只是一种买卖关系，最典型的代表是众筹咖啡馆、众筹天使投资等新型众筹机构。在互联网时代，很多人拥有很多闲置的时间和资源，把这些时间和资源汇聚起来就能创造出更有价值、更有意义的事情来。股权众筹的模式则是通过持股的方式参与投资，从而获得回报。

众筹资金以股权投资的方式注入公司，投资人同时成为众筹的股东之一，持有公司股份。但是在《公司法》中对公司的股东数进行了限制，有限责任公司不超过 50 人，非上市公众公司股东不超过 200 人。所以在众筹过程中，人数方面有较明确的限制，以避免未来不必要的风险。

通常持股平台以有限合伙企业的形式存在，人数要求为 2 人以上 50 人以下。一般而言，众筹股东是重要的有限合伙人，而众筹发起人则是普通合伙人，有限合伙人不能参与公司的管理，由普通合伙人对公司进行管理。这样一来，众筹发起人就成为公司的管理者，在一定程度上拥有更大的决策权。

虽然股权众筹合伙的方式可以较为高效地整合较多合伙人，但相关众筹模式下触及法律红线以及失败的案例也不计其数，需在模式设计和实际实施中寻求专业团队支持，以严格地管控风险并保障其合法合规性。

（1）3W 咖啡：具有中国特色的众筹模式

3W 咖啡是国内以众筹方式面向创业者服务的咖啡馆。创业之初针对性地面向社会资深互联网人士进行众筹，每人 10 股，每股 6000 元。 3W 咖啡主要通过微博来招募原始股东，商业圈里很多人并不在意所投资的 6 万元，而是看重了投资咖啡馆所能结交到的人脉。最终，3W 咖啡召集到许多知名的投资人、创业者和企业高级管理人员。3W 通过以咖啡为载体，不断扩大企业的社交圈，成功孵化出全新的项目，成为一个知名的跨界品牌。

3W 咖啡的成功在于精准把握住了具有中国特色众筹模式的关键要素，在没有相应体制的情况下，3W 咖啡建立了属于自己的规则。

第一，设置股东的条件。并不是所有人都有资格成为 3W 咖啡的股东，股东必须满足一定的条件：必须是有头有脸的人物，既能够相互吸引，又愿意遵守规则。

第二，3W 咖啡围绕强链接、熟人或名人交际圈进行扩散，成为 3W 咖啡的股东具有很大的吸引力。当沈南鹏、徐小平成为股东之后，互联网创业者就希望加入这个圈子中，随后更多的投资者想要进入这个圈子。

第三，提升股东的价值。在创立之时，3W 咖啡向股东承诺给予的价值回报中淡化了金钱回报，而是提供了一个圈子的价值。比如有人脉价值、投资机会、交流价值、社交价值等，具有更大的吸引力。通过创业成长交流、办公空间共享等方式，旨在促进知识分享和股东之间合作。

3W 咖啡依托自身资源及运营优势，成为服务成长型企业的轻办公生活的解决方案提供商，并在 2021 年 8 月获得了京东旗下京东新东腾商务服务有限公司的投资，其投资股份占比超 20%。

（2）WiFi 万能钥匙：股权众筹的方案

WiFi 万能钥匙是一个 WiFi 共享平台，拥有 6 亿用户，估值达到十亿美元，投资方为海通开元、北极光创投等 7 家著名投资机构。陈大年将 WiFi 万能钥匙定义为共享经济企业，每个用户都是共享经济的机构和组成部分。在进行股权众筹时，他所持有的态度是"我们筹的不是钱，而是拥有共同认知与思考的投资人"。

由于受到《公司法》的约束，WiFi 万能钥匙在 2015 年进行股权众筹时，花巨资设定了一整套完整的方案，具体如下：

① 众筹总金额为 6500 万元，平均划分为 50 份，每份认购金额为 130 万元，占股 0.02%，可以认购多份；

② 缴纳 30 万元保证金，优先从缴纳保证金的人群中进行选择，没有入围的合伙人退还全部保证金；

③ 项目交割一年后，投资人将在限定时间内拥有一次按实际投资金额无息退出的机会；若交割 5 年届满项目未能上市，投资人可以按实际金额 5% 的年复利方式退出；

④ 本次项目将由互联网界知名企业家、蝴蝶互动创始人凌海先生担任领投人，他将出任上海尚快投资中心的 GP。

事实上，WiFi 万能钥匙原计划众筹 3250 万元，占总股权的 0.5%。但是众筹结果大大超过了预期，最终增发了 0.5% 的股权，将众筹股权提升至 1%，筹资金额扩大为 6500 万元。同时给每个参与认购的投资人赠送纪念 T 恤，缴纳保证金的投资人赠送果壳智能圆表以示感谢。

众筹来的资金，WiFi 万能钥匙主要用于发展项目投入，形成更丰富的内容，同时拓展海外市场，获取最大化的价值。

WiFi 万能钥匙股权众筹所采用的"递进式股权众筹"的方式，是由青橘众筹提供产品众筹平台，由筹道提供股权众筹平台，效果不错的产品众筹直接引入到青橘众筹，充分节省项目考察的成本，同时为创业者提供资金服务。

对于大多数没有进行融资的企业来说，公司估值与股权众筹标准十分模糊，WiFi万能钥匙在A轮融资的基础上，拥有更详细的估值方法，但是他们仍然花费了巨额的律师费，保证众筹的顺利进行。

在WiFi万能钥匙股权众筹中，拥有两个不可或缺的条件。第一是感性的故事，吸引VC进行投资，股权众筹的投资者也会跟着投资；第二是拥有忠实的用户，没有用户就不可能有发展，只要有足够多的忠实用户，股权众筹就可能成功。虽然因其WiFi类的功能一直以来受到较大争议，甚至被下架应用市场，但当年月活8亿的数量，也曾经见证过它的辉煌。

5. 资本合伙人：股权投资合伙人

股权投资是公司进行经营投资所购买股份的一种行为。这种行为可以发生在公开的交易市场上（如A股、港股等），也可以发生在公司成立之初所设定的募集场合上，还可以发生在公司股份非公开场合的转让上。

（1）股权投资的分类

股权投资机构是企业最重要的资本合伙人，按照投资阶段可划分为天使投资、风险投资（VC）、私募股权投资（PE）等。

股权投资是民营企业重要的融资手段，最早的股权投资机构就是天使投资。天使投资的投资额度一般不高，属于孵化型投资。创业者可能有个好的想法，有个很好的创意或点子，想做这个事情，论证了市场需求和空间，逻辑上能讲得通，却没有资本，于是找到天使投资机构。

因为企业不同的发展阶段所提出的诉求是不同的，对投资的需求也不相同。但是企业所处的任何阶段都与收益相关，因为在资本圈里，风险永远与收益成正比。比如天使投资，它的风险最大，但是投资回报最高，有些早期的投资可能获得万倍的收益；风险投资（VC）相对而言估值会更高一些；杠杆收购虽然投资风险低，但是投资回报同样较低，具体如下图2-3-1-5：

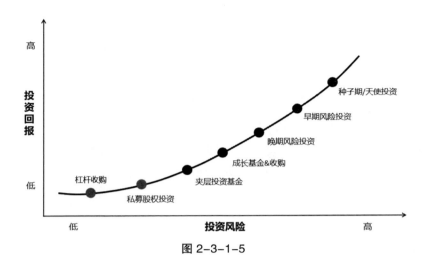

图 2-3-1-5

马化腾在创业的时候，在整个深圳的创投圈都找不到愿意投资的人，后来又去北京、上海寻找投资人，也没有人愿意投资。刚开始找到深创投，深创投看到马化腾的项目前期是免费的，没有盈利的可能，而且对服务器的要求很高，投资风险很大，就没有投资。马化腾找到盈科数码和 IDG，获得了220 万美元的投资，随后成立了腾讯公司。在腾讯发展的过程中，盈科数码是按传统方式进行投资，在短短几年的时间投入了 200 多万元，但收益是几千万，翻了十余倍，已经是一次非常成功的投资。但是腾讯上市之后，还有更多的利润在后面。这不仅需要眼光，还需要博弈，因为风险越大的投资，其背后的收益也是最大的。

（2）股权投资的组织结构

一般私募股权投资机构会设置专门的基金管理人员，即普通合伙人GP。GP 只是象征性进行投资，最大的投资还是有限合伙人 LP，LP 是基金的主要出资人，占投资总额的 99%。利益分配比例通常为 GP 占 20%，LP 占80%。比如基金投资 10 亿开发项目，项目完成后收回 30 亿，在这 30 亿里有10 亿投资成本，按实际投资份额分给投资者，剩下的 20 亿有 20% 即 4 亿归基金管理人所有，剩下的 16 亿按出资比例进行分配。由此可见，基金管理人其实用最少的投资换取了最大的回报，但有一个重要的前提就是必须看准项目，如果项目不赚钱，一切努力都是白费。通常私募股权投资组织只要布局做得好，一般不会亏损，基本上能保证 20% 以上的收益率。

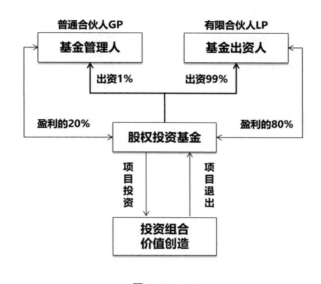

图 2-3-1-6

（3）如何选择投资合伙人

① 投资机构知名度

名气在很大程度上决定最终的投资效果，名气越大的投资机构自然更值得信赖。

② 投资机构口碑

投资机构的口碑一定不能太差。事实上，好的投资机构会对企业产生一个向上推动的作用，不好的投资机构会设置很多限制，让企业没有办法处理发展过程中一些其他的事情。

③ 投资机构资本运作能力

投资机构在资本上的运作能力，比如能不能帮助企业完成第二轮、第三轮融资。很多投资机构虽然投了第一轮，但是第二轮就没有了，或者直接影响到第二轮的融资，所以企业在进行融资时一定要注意，第一轮融资时要非常明确，不能释放太高的股份。因为前期释放的股份太高，接下来的融资就没有股份可以释放了，后面想融资都融不进来。

武汉卡比特刚开始做车联网时，找到360进行融资，360进行评估之后，发现他们拥有强大的技术实力，于是投资了6000万，占有30%的股份。车联网做起来之后，腾讯也想进入车联网，看到卡比特做得不错，想进行投资。可是当腾讯看到360占有30%的股份，直接放弃投资这个项目。因为卡比特在第一轮融资时释放了太多的股份，导致第二轮融资时，投资方看到自己参投后所占有的股份比例并不高，于是会直接放弃投资。

④ 投资机构资源运作能力

投资机构资源的协调能力，比如第一轮获得了某投资公司的投资，因为资源协调能力强，接着很多本土的创投机构立即进行跟投，甚至到第二轮、第三轮，这些毕竟是有实力的投资机构，非常具备吸引力。有些企业在执行项目时，因为企业处于成长时期，资源有限，有些项目拿不下来，但是投资机构却有这样的资源，刚好可以借助投资机构拿到项目的开发权。其实这就是投资机构的资源运作能力。投资机构的资源运作能力强一定会给企业带来良好的发展前景，引进这样的投资机构投资进来，就与企业形成了利益共同体，必然会想办法帮助企业实现发展。

⑤ 投资机构与企业匹配度

投资机构与企业的匹配度要高，如果匹配度不高，最好不要选择。比如投资机构与企业所处的行业不同，那么投资机构对企业的帮助就不大；相反，投资机构与企业处于同一个行业，那么会对企业的发展起到很大的帮助，因为投资机构对行业比较了解，联络行业上下游的资源能力远比企业要强得多，拥有可能对接的资源。

股权投资合伙人作为企业最重要的资本合伙人，在选择时一定要慎之又慎。不仅要认清股权投资合伙人的类型和组织结构，在公司不同的发展阶段，所选择的方式也不相同，可以从投资机构的知名度、口碑、资本和资源运作能力，以及与公司的匹配度等方面进行选择。在融资时，企业要做到提前布局，未雨绸缪，第一轮融资不能释放太多股权，否则会直接影响到接下来的融资。

6. 如何吸引资本合伙人

（1）企业不同发展阶段的融资重点

通常企业的发展分为种子期、创业期、成长早期、成长晚期和成熟期五个阶段，在不同的阶段企业有不同的标志，投资机构的关注点也不相同。

在种子期，标志是初步的商业计划，而投资机构所关注的就是商业计划的创意、创始人的商业经验以及产品或服务的市场需求。在融资时只要能讲清楚这是一个什么东西，未来有什么潜力，以及存在怎样的市场需求，如何去落实，形成一个好的商业计划书，能为融资成功增加筹码。

到了创业期，企业已经进入市场，能获得稳定的收入，这时投资机构关注的是确认市场需求并切入市场、产品的研发和制造、定制和执行业务的计划以及组建的创业团队，产品进入市场后能在很大程度上反映市场的需求，是一个真实的市场，还是一个伪市场，都可以从市场的反应看出来。因为在商业计划书中，产品可能是好的，但是投入市场之后，消费者并不买单，所以需要有效打开市场。与之相对应的是稳定的研发和制造，能够保证产品的持续发展。一个好的执行业务计划能为产品带来额外的增值，最后企业的创业团队决定着发展上限。

度过艰难的创业期后，企业迎来成长期。在成长早期，企业的规划和收入高速成长，这时投资机构的关注点主要集中在营销渠道的开发、管理体系的建设、战略性资源与合作的建立、制定中期战略计划以及企业的整体管理水平。

在成长晚期，企业的规模逐渐成形，拥有可观的利润，并且在行业内建立了竞争优势，这时投资机构所关注的是企业战略的有效性（规模扩张和取得的竞争优势）、企业的体系驱动以及创始人的授权。在这个阶段，企业成长起来，慢慢走向成熟。

在成熟期，企业成为行业的主导者之一，这时投资机构所关注的是能否借助资本的手段进行扩张，企业的战略是否可以转移到另外的业务中。

总之，企业不同的发展阶段，在进行融资时的侧重点也不相同，只有将最优势的一面展现出来，才能获得更多的投资。

（2）天使投资过程中的注意事项

投资机构在进行天使投资时，首先看企业的核心团队。在这个团队中最重要的成员是创始人，创始人的经验是否丰富，有没有能力运作这个项目，具不具备个人魅力，格局怎么样。然后看核心管理团队，这一点非常重要，核心管理团队的实力决定着企业能否发展起来，有没有更大的发展空间。有些投资机构喜欢投连续创业失败的人，按常理来说，失败了这么多次，意味着啥都干不好。但是投资人不这么看，他所看重的是创业者身上那种屡败屡战的坚韧精神，而且拥有其他创业者所没有的商业经验与失败经验，通常这类创业者知道企业应该怎样去发展。所以，投资人的目光不会只局限于创业是否成功这一块，更看重的是创业者的品质。

通常天使投资之后有三轮，不同的投资阶段侧重点不同。A 轮投资看的是产品，如果进行 A 轮投资时，还没有做出产品来，那么就不可能再有机会，因为在这轮，投资人必须看到产品，包括产品的质量，是否像创业者所描述的那样，只有将产品拿出来，投资人才会有信心。过了 A 轮之后，B 轮投资看的是数据，即企业能否将产品运营出来，有没有获得一些相关的数据，比如市场占有率达到了多少，具体的用户量、活跃用户量以及收费用户的具体数据。在这个阶段运营数据越好，融资更容易成功。有很多产品模式很好，但是并不好运营。很多企业在进行 A 轮融资的时候比较容易，到了 B 轮就变得非常艰难。产品做出来后，市场反应不好，就是伪需求，越往后就越难推进。所以，B轮所看的数据就是企业的运营能力，运营能力强，数据就好，融资的成功率就高。到了C轮，主要看的是营收。收入能不能做上去是企业发展的关键，最开始的小规模数据只是验证市场需求是不是真实的需求，产品能不能做起来看的就是营收情况，收入不理想，意味着产品的发展前景有限。到了下一阶段就看企业的利润了，上市对利润的要求非常高，创业板开始要求1000万的利润，实际上差不多要达到5000万。

很多企业第一轮、第二轮融资非常成功，但这并不意味着企业就能做起来，因为大部分企业是死在第三轮或第四轮融资上面。例如某共享单车，刚诞生时拥有很好的市场需求，但是却没有找到盈利模式，最后直接倒闭了。为什么会这样？其根本原因在于企业利润不足，没有办法创造利润，也就没有价值可言。共享单车的真正竞争力就是资金，必须有足够的资本来支持，但是到最后因为没有利润，无法成功融资，资本方投入的资本没有办法收回来，更没办法实现自主经营。

所以在创业时，没到最后一轮就不能说成功，这是一个持续性的过程，最终还是看企业盈利能力，必须有一样能为企业带来价值的东西，比如用户流量、用户忠诚度，都可以成为企业发展的重要因素。亚马逊基本上没有盈利，但是它拥有很高的市值，其原因就在于用户有粘性，活跃度高。如果连用户流量都没有办法保证，那么企业就不可能发展得起来。

（3）吸引资本合伙人的八个要素

在企业进行融资的时候，必须做好充分的准备，接受投资人的考验。通常投资人会从以下八个方面来衡量被投资企业。

① 天花板。包括企业的天花板和产品的天花板，能不能把市场做得足够大，占据更多的市场份额，是投资人衡量的关键。

② 核心团队。核心团队包括企业创始人的格局、团队的引导能力以及团队的综合实力。一个好的创始人能让企业发生裂变，一个好的创业团队能让

裂变成为现实。

③ 商业模式。商业模式决定企业的盈利能力，企业必须有盈利的空间才能吸引投资人，投资人看的是回报，看的是投资之后的商业效果。如果商业效果不理想，自然无法让投资人继续投下去。

④ 企业的核心竞争力。所谓核心竞争力就是企业在市场上存在的筹码，比如用户流量、用户忠诚度等都可以成为企业生存下去的根本。很多企业没有核心竞争力，一味地做产品，却不曾找到真正的路子，最终也无法发展起来。

⑤ 经济护城河。经济护城河能使企业持续长时间的高投资回报，具体来说包括企业的有效规模、成本优势、无形资产以及网络效应等几个方面，每一个方面都可以成为企业的经济护城河。比如企业的有效规模大，地理位置好，特有资产形成，意味着企业具备一定的发展空间。成本优势可以帮助企业用最低的投入获得较高的回报。无形资产主要是企业的品牌、专利或法定许可证，能让竞争对手无法模仿。网络效应是企业非常强大的经济护城河，帮助企业将竞争对手拒之门外，形成强大的核心竞争力。

⑥ 成长性。企业的成长性主要是为了观察企业在创业期内的经营能力和发展状况。有的企业收益不错，但是成长性不好，意味着未来的发展空间有限。通常从企业的总资产增长率、固定资产增长率、主营业务收入增长率、主营利润增长率以及净利润增长率等五个方面来衡量企业的成长性。

⑦ 回报率水平。投资人衡量投资之后的回报水平，能决定是否继续追投下去。如果投资回报率不高，意味着投资效果不理想，自然不会继续追投。所以想要吸引投资人，必须提高企业的回报率水平，给予投资人理想的回报率，更能吸引投资者追投。

⑧ 安全性。安全性是投资人非常看中的一个因素，如果企业所开展的业务触犯了法律法规，自然没有人愿意投资。

【经典案例】风投女王徐新——拯救京东的白衣骑士

当年，刘强东还在 IT 数码全品类的电商经营中寻求融资贷款时，殊不知这一切已经被当时已经风光无限的投资人徐新尽收眼底。彼时的她操盘的项目已经开始耀眼，在成功投资了宗庆后的娃哈哈后，她多次于关键之时助力网易，将丁磊"投"成了当时的中国首富，徐新也成为捧红网易的"风投女王"。

时间倒回到 2006 年的秋天，在对京东做了充分的背调后，徐新与刘强东见面详谈。从晚上 10:00 到凌晨 2:00，一谈就是整整 4 个小时。在第一次的沟通交流中，京东还是只有 50 名员工、20 万用户、年销售额也只有 5000 万的小企业。但当刘强东给她看了 ERP 的数据后，她被打动了。因为在没有任何广告投入的情况下，能保持每月 10% 的增长，这绝不是一般的企业可以做到的，至少说明京东在自身能力做保障的基础下，在发展上有很大的成长空间，而且也觉得京东创始人是比较值得信赖的。据后来刘强东回忆，当时京东资金紧张，想寻求 500 万元人民币的银行贷款，但见到 VC 之后，报出 200 万美元的融资需求，阐明自己想做"中国第一、世界前五"的零售商。结果徐新回应道："你只融 250 万美金，那我就不投；但是你要 500 万美金，我就投。"刘强东欣然同意。后来徐新结合京东未来的发展规划和资金量，测算出来 500 万美元估计不到一年就会花光，于是直接加码，在 2007 年 8 月通过今日资本独家进行 A 轮 1000 万美元的投资。

当然，除了舍得多给之外，舍得也是有"条件"的，即 A 轮今日资本对京东的未来五年也有约定的对赌指标——每年的发展速度不得低于 100%。若达成了，今日资本要拿出 10% 的股份给京东；若京东没有完成目标，则需要给今日资本 10% 的股份。

在资本力量的驱动和影响下，刘强东带领京东当年做了两个大方向性的决定：一是品类扩充，先投 5000 万，从电子产品延伸到更广的消费品类；二是因为当年 80% 的用户投诉都和配送相关，所以准备自建配送队伍，以保障交付能力和提升用户满意度。2007 年，京东的销售额从 2006 年的 8000 万元剧增到 3.6 亿元，2008 年再翻两番，达 13.2 亿元。最后，京东仅只用 3 年的时间就完成了本来应是 5 年的要求，赢得了股份，也为团队的期权争取到了更大的激励空间。

但好景不长，在 2008 年的金融危机下，投资机构给京东的估值一度降到了 3000 万美元。30 多家投资人也因为京东极低的毛利率表示不看好，刘强东一夜之间头发都吓白了一撮。此时风投女王化身白衣骑士再度归来，在自己增加 800 万美金投资的同时，又拉来雄牛资本和自己以前百富勤集团的上司——著名银行家梁伯韬，共筹集了 2100 万美金，在关键时刻"拉"了京东一把。

后来，在和新蛋、亚马逊、苏宁的多次价格战中，徐新带领团队给京东做了 5 次过桥贷款的支持，一次次救京东于危难之中，帮助京东取得最后的胜利。2014 年京东（JD.US）在纳斯达克上市之时，市值达 286 亿美元，今日资本持股市值为 22.28 亿美元，账面收益回报高达 130 倍。成功的不单单是资本的回报，而是多年关注和付出之下的助力陪跑。徐新也公开表示，京东是她 20 年投资生涯里最为成功的一个投资项目。因为这不单只是以钱易物的关系，更是"信任和共同战斗的友谊"。如果当年没有徐新"一掷千金"的豪气，可能也不会有刘强东布局自建物流、拓展交易品类的底气，我们大众也看不到一个投资百倍收益的神话案例。

作为投行圈里的"风投女王"，徐新还投资了如大众点评、美团、知乎、携程、蔚来、唯品会、良品铺子等多家知名企业，还迎接了中华英才网的 800 倍投资回报率的高光时刻。能在被众多男性占领的投资圈里获得一席之地，除了对巴菲特价值投资和时间复利的高度认可和践行之外，徐新和她的今日资本也有本身的投资坚持和原则。

一是"只求最好"。在她的投资观里，坚持的就是"只投第一，不投第二"，即便投资的项目不是第一，也在未来有很大的可能成为第一。

二是"有所侧重"。我们看其前期的投资案例，今日资本的投资重心主要偏向于互联网、零售、消费品三大领域，在这些产业里也逐渐沉浸成了专家，对多种品牌和流量玩法都得心应手。

三是"多维助力"。当年在京东的投资中，除了多次金融上的支持外，徐新还给京东举荐了陈生强（京东首席 CFO）、徐雷（京东现任 CEO）、侯毅（原京东物流负责人、盒马鲜生创始人）等优秀的人才，为京东发展打了一剂强心针。

四是"长期坚守"。很多优秀的投资者都坚持做时间的朋友，关键时候没有退缩和放弃，帮助企业共同成长，寻求更长远的、也是更丰厚的价值。如今日资本在京东上拿了 12 年，益丰 14 年，美团 10 年，BOSS 直聘 6 年……而徐新在总结近 30 年的投资生涯中，说道："我投资中最大错误就是伟大的公司拿的时间不够长。"——虽然历史已经见证了她的成功。

第二节 产业合伙人：整合产业资源做成产业平台

1.产业合伙人的诞生背景

当企业发展到一定阶段后，必须进行深层次的思考，这种思考主要体现在企业在产业链和产业生态上的布局。每一个行业都存在着发展周期，随着市场的不断完善和成熟，企业所面临的竞争会越来越大。

通常在企业成立之初，市场并未成熟，仅仅只有几家很小的企业在竞争，企业的生存空间很大。随着企业的发展、市场的成熟，越来越多的投资人看到行业发展的前景，于是资本流入行业，企业的模仿者越来越多。

模仿者的出现代表着行业的成熟，同时也会给企业带来无序的竞争。随着新入行业的企业增多，顾客所选择的可能性就增多，必然导致价格和服务的竞争。新入企业为了占有市场，不断进行促销降价，用更低的价格吸引消费者。还有的企业加强顾客的服务体验，同时在产品上进行多元化设计。

竞争的加剧必然导致企业运营模式的变化，因为如果不参与竞争，企业将会失去市场，不利于企业的发展。于是企业开始进行价格战、服务战等，导致企业的投入成本越来越大，同时市场被更多的企业瓜分，所得到的利润也越来越小，导致企业的发展滞后。

事实上，市场未来的竞争必然是多元化的竞争，不仅仅只是同行企业之间的竞争，更是行业与行业之间的一种竞争。资本者可以跨行投资，同样是为了抢占市场份额，企业的生存空间进一步被压缩。

竞争的加剧导致整个产业生态发生巨大的变化，竞争逐渐演变成竞合。所谓竞合就是一种高层次的竞争，它不仅仅是单一方面的竞争，而是多层次的竞争，体现在企业与企业之间的市场竞争，供应链与供应链之间的成本竞争，行业与行业之间的技术竞争，产业与产业之间的产业竞争，甚至是资本与资本之间的资本竞争。

竞合的出现，将促使行业进行整合。为了保障企业利润，有资本能力的企业开始进行产业上下游的整合，对同行小企业进行并购，最终发展成为寡头企业。寡头企业就是产业竞合之后所产生的龙头企业，它们在产业链上占着主导地位。

所以对企业而言，在未来的发展中，必须面临的选择是，要么被别的同行大企业并购，要么去并购同行小企业，成为行业寡头中的一员。

任何一个行业都存在着这样的发展趋势，大企业并购小企业，占据整个产业链。10多年前，手机行业刚刚兴起时，诞生了很多小品牌手机，但是随着手机市场的扩大，小品牌手机企业逐渐消失，最终只剩下像苹果、三星、华为、小米等大品牌。

传统的家电行业也是如此，小企业逐渐被淘汰、被并购，只剩下几家大企业。所以，企业必须进行产业链上的布局，要有深层次的战略规划，而不是仅仅将目光放在市场上或是行业上，要站在更高的层次看待问题。

企业的未来发展，要么通过技术优势逐渐形成自己的品牌，要么通过与同行合作扩大市场规模，要么努力寻找资本继续在夹缝中生存。随着市场竞争的进一步加剧，企业必然要进行全方位的整合，如市场整合、经营整合、技术整合、股权整合以及资本整合，这是行业竞争的必然趋势。

正因如此，产业内部便催生了一种全新的合伙模式——产业合伙人。在产业合伙人的模式下，企业可以根据自身的特点，实现企业的战略布局，在产业中找到自己的位置，在竞争的夹缝中生存下来。

2. 产业合伙人的模型

企业通过整合产业链的上游、中游和下游，以及企业的合作方和资源方，将他们发展成为合伙人。有些企业的产业合伙人是以股权的形式来进行的，还有一些企业的产业合伙人是以联盟的形式出现的。无论是哪一种模式，产业合伙人都是企业发展过程中最重要的一种变革。通过同行业的整合，把企业做成产业平台型企业或产业生态型企业。

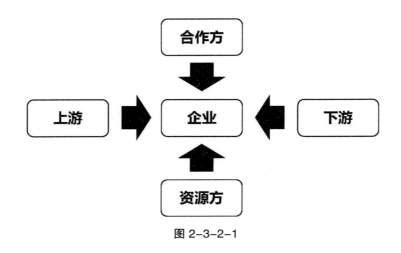

图 2-3-2-1

现在很多企业都在进行产业整合，打通产业的整个链条，连接企业的合作方和资源方。企业想在产业链上获得更大的发展，必须进行企业改革与同行整合，将下游的经销商、上游的供应商、企业的合作方以及资源方转变成企业的合伙人，通过股权的方式将产业做大，给利益各相关方带来更大的收益和回报。

产业合伙人一定是站在产业的高度进行思考，通过长远的目光将同行变成产业合伙人，整合更多的资源为企业或者产业链创造价值。这时，企业必然实现产业转型，因为在整合产业同行的过程中，如果企业的产业蓝图不清楚，未来就不会具备强大的商业价值潜力，那么就无法实现企业的产业布局。只有让同行看到企业的优势和合作的价值，才愿意成为合伙人中的一员。因为企业进行产业升级必然会拥有更丰富的合作资源。

企业的盈利结构、产业规划、发展规划、资本规划直接决定着企业值不值得跟投，值不值得合伙。在资本市场，企业的市值永远是具备硬性的吸引力，因为这里面包含了企业的盈利能力、商业模式、成长力以及价值的发展，通过激励机制和抗风险管理机制，合理运作起来，它不再是单纯的某一方面，而是系统性的整体，而一切的出发点就是企业的商业模式。

不同的商业模式所产生的价值是不同的，资本市场给予企业的估值倍数永远是不一样的。比如永辉超市旗下有一个互联网新零售的超级物种，通过门店合伙人模式，建立了完全不同的组织结构，所取得的市盈率远超同行。如果企业的商业模式不具备影响力，没有更多的合伙人加入进来，那么企业的市值就会低很多。

3. 产业合伙人的目的

不同的企业进行产业合伙人的目的是不同的，不同的目的又会吸引不同的产业合伙人对象。企业选择产业合伙人时，不可能面面俱到，将所有与企业相关的产业者全部笼络进来，这是因为企业本身的实力、行业的属性决定着企业必须寻找属于自己的产业合伙方向。

企业的产业合伙方向主要是由企业最终想要实现什么样的目的来决定。通常企业进行产业合伙人的目的有以下几种：

（1）获得资本价值放大的能力

有些企业进行产业合伙的目的是获得资本价值放大。资本本身是无法进行放大的，但是可以通过一定的手段，使资本的价值得到提升。比如企业通过寻找新的产业合伙人，产业合伙人通过资本的注入，使投资者原本投入的成本等放大十倍，那么相当于企业获得了十倍的价值放大，从而更好地聚集资本资源，实现企业的发展和转型。

（2）快速实现产业布局

企业家必须具备长久的发展眼光，站在更远的位置看待企业的发展。所以每一家企业定然有自己的产业布局，产业布局的实现必须通过产业合伙来解决，通过产业资源的整合，使企业拥有更快速发展的能力。

（3）实现资产控制

有些企业选择产业合伙人是为了实现对固定资产的控制，降低企业的整体投入成本，获得更大的利润。

（4）形成协同效应

协同效应分为内部协同和外部协同两种。企业的内部协同主要针对企业生产、营销、管理等各个环节进行合伙人布局，最大化释放内部资源，从而提高企业的整体效益。企业的外部协同主要针对企业的合伙方、上下游等进行特定的产业合伙，提高企业单独运营的能力，产生更多的赢利能力。

（5）体现规模效应

每个企业都有自己的生产成本，分为固定成本和可变成本两个方面。通常企业的固定成本是不变的，但如果生产的规模越大，那么每个产品的固定成本就越少，从而产生最大的利润空间。产业合伙人可以帮助企业扩大生产规模，降低企业产品的固定成本。

（6）加速经济效应

充分利用企业现有的资源，通过产业合伙，最大化提高企业发展的速度，从而帮助企业快速抢占市场经济，在市场竞争中占据有利位置，实现最大化经济效应。

（7）发挥保护效应

企业发展到一定的阶段，遇到瓶颈，可能遭遇被并购的风险。于是企业可以寻找产业合伙人，用强大的资本作为后盾，保证企业顺利度过瓶颈期。

（8）获得关键技术

有的企业在发展过程中，需要一些关键技术作为支撑。但是关键技术并不是说有就会有，于是可以通过产业合伙人，以合伙人的方式实现技术共享，从而实现共赢。

（9）拓展市场渠道

有时候，企业业务想要进入某一地区或某一个市场时，可以通过产业合伙人来拓展业务的运营渠道，获得更多的渠道支持。

产业合伙人的对象主要包括同行竞争对手、行业上下游企业，以及跨行企业。不同的合伙目的所针对的合伙对象不同。企业建立产业合伙人机制的目的是多种多样的。但始终离不开企业的整体布局，不同发展阶段的企业，其目的是不同的，所以必须站在更高的层次、根据当下的发展情况，来分析企业的合伙目的，针对性选择合适的产业合伙人。如果是为了进行产业布局，则可以选择行业上下游的企业；如果是为了形成协同效应，可以选择同行竞争对手；如果是为了发挥庇护功能，可以进行跨行业的产业合伙。

4. 产业合伙人的策略

当下的企业必须意识到宏观环境的变化，必须通过产业转型来实现企业的发展。目前很多企业因为产能过剩，造成了巨大的资源浪费，最终限制了企业的发展和突破，通过产业合伙人模式可以帮助企业快速实现整合。事实上，企业在进行产业规划时，必须拥有清晰的产业合伙人策略，设计合理的控制权，以及企业的产业布局。

根据不同企业的定位和发展需求，产业合伙人具有四种策略，分别为"抱大腿"策略、"强优势"策略、"联盟"策略和"生态圈"策略。这四种策略与企业资源能力的大小、企业发展风险的大小呈现出一定的关系，构成产业合伙人策略四象图，根据四象图，可以清晰地选择符合企业的产业合伙人策略。

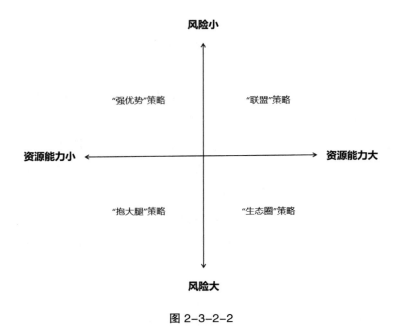

图 2-3-2-2

（1）放弃控投的"抱大腿"策略

如果企业正面临发展缓慢、能力有限的问题，但企业有一定的资源能力，则可以选择"抱大腿"策略，即将企业"嫁给"具备产业优势的企业。通常企业会选择实力较强的大企业对公司进行控股，跟着大企业一起发展。企业在发展过程中，很多事情都需要自己去处理，但并不是一定都能处理好，与大企业进行合伙会有更好的发展前景。此策略最显著的特点就是企业放弃控制权，让大企业来控股。

在煤炭行业火爆时，XM 公司的主要产品是煤炭运输机。运输机是现代化煤矿建设的关键设备，直接关系到煤矿的产能、成本和效益。XM 公司通过核心技术做到了一定的规模。后来国家开始整顿煤炭行业，提高产业集中度和产业水平，引导形成国有大型煤炭企业及其专业公司为主导的生产管理体制。在这种情况下，XM 公司及时做出战略改变，采用"抱大腿"策略。

与山西国资委旗下的晋能集团进行合作，让晋能集团参与到公司的业务当中，并且拥有绝对的控股权。这样一来 XM 公司拥有了市场保障，成功利用国有企业的市场资源，快速做大企业。当资本积累到一定程度后，XM 公司成功进行转型，由带式运输机转型到立体停车库。

DX 食品是山东省最大的烘焙饼店连锁品牌，在山东省内拥有 300 多家连锁店。尽管如此，DX 食品的利润并不高，而且 300 多家连锁店管理起来非常麻烦，资金也不是很充足，想要自己上市比较困难。于是 DX 食品选择了"嫁女儿"策略，利用自己的渠道优势，与麦趣尔进行产业合作。麦趣尔并购 DX 食品，通过麦趣尔置换 DX 食品的股份来实现间接上市。有些企业将企业当作一个项目来做，然后卖给上市公司，拿到资金后再做新的企业，然后再卖给上市公司。把企业做到一定的阶段，拥有一定价值后，就将企业卖掉。

（2）保持核心资源的"强优势"策略

核心策略是企业拥有自己的核心资源，但是在其他资源上比较薄弱，通过产业合伙人整合自己相对弱势的地方，实现企业的补充。比如企业在渠道运营上比较薄弱，则可以选择渠道能力较强的企业进行产业合伙，通过释放一定的股份，让别的企业参股进来。在股权的控制上，企业拥有控制权，合伙人是以参股的形式参与，是通过股权来换取企业发展所需要的技术、市场、人才等资源。

很多上市公司在进行产业并购时，会选择产业并购基金模式。其运作模式主要为 PE 机构，上市公司分别作为 GP、LP 联合设立并购基金，即先成立投资公司，投资公司再成立并购基金，通过并购基金来投资项目。针对上市公司的产业布局，在产业上下游进行投资并购。因为有些企业达不到公司直接并购的标准，但是为了实现产业布局，由 PE 并购，进行控股型收购，提前进入市场。产业并购基金模式相当于帮助企业成功打通了退出渠道，当投资产生效果时，上市公司才进行收购，效果不理想的情况下机构就不进行收购。

盛和资源是我国稀土行业的龙头企业，在成立之初仅仅只是一家小企业，在2007年成功并购了晨光稀土、科百瑞和文盛新材三家公司，开始实现产业布局。经过十多年的发展，盛和资源不仅打通了稀土行业的上游，通过不断地整合，拥有自己的核心资源。从稀土矿山的开发、稀土冶炼的分离、稀土金属及深加工产品，再到稀土的投资机构和购销机构，实现全面性的产业合伙。其中最关键的因素是盛和资源拥有自己的核心资源，晨光稀土与文盛新材在申请上市时，由于国家对稀土资源的管控，数次申请没有成功，资金链短缺，只好通过盛和资源的并购来发挥"强优势"效应，实现间接上市，保障企业的发展。盛和资源之前主要做稀土分离，通过并购之后，既做稀土分离，又做稀土冶炼，实现了自己的产业布局，大大扩展了企业的产业链。

（3）深度战略合作的"联盟"策略

联盟策略是企业与企业之间的深度战略合作，通过相互持股来实现共同成长。通常做法是两家公司分别购买彼此的股份，实现相互控投。公司A与公司B达成战略共识，决定相互合作。于是公司A购买了公司B的部分股份，同时公司B也购买了公司A的股份，对两家公司而言，均是以产业合伙人的方式参与到对方的企业当中，实现战略互赢。

阿里巴巴和苏宁电器达成产业联盟合伙人战略，通过相互持股来实现双方共赢。其中阿里巴巴投资283亿元入股苏宁电器，占有19.99%的股份，成为苏宁电器的第二大股东。同时苏宁电器以140亿元认购不超过2780万阿里巴巴新发的股份，持有阿里巴巴发行后股本总额的1.09%。这种模式主要体现在，两家企业相互看好对方企业的发展前景，实现跨行业的相互参股，当一家企业获得发展时，另一家企业同样能享受到利润分配，从而保障了企业整体运营发展。

（4）以企业为中心的"生态圈"策略

当企业越做越大，在产业领域拥有一定的实力之后，就要实施生态圈策略，即以企业为中心打造一个产业圈。企业处于产业圈的中心，往外不断地辐射，包括产业链的上游和下游、相关行业和相关产业的企业，全部包含在企业的产业生态圈里。产业生态圈需要企业拥有足够的资本来支撑，产业生态圈越大，企业的资本实力就越大，对产业的整体控制就越强。

所有的企业老板和高管合伙人应当意识到，企业商业布局和商业逻辑必须拥有更高的维度。它反映出的是企业的商业格局、商业认知和商业思维，必须站在产业的高度重新审视企业的商业逻辑体系，一层一层地把商业逻辑理清楚。

企业要站在生态型企业的更高维度来审视企业的平台、产业和产业体系。通过整合产业的上下游，建立自己的产业生态圈，构建全新的生态平台和产业体系，最终企业会拥有自己的生态系统和商业思维体系，奠定自己在产业内的位置。

随着区域产业转型的到来，亿达中国及时进行产业变革，从产业策划到园区建设，再到园区的增值服务，提供了整套产业链解决方案，建立了自己的产业生态圈。亿达中国的产业生态链主要围绕园区运营商展开，采用产业融合的商业新模式，展开软件和服务外包、新一代信息技术、智能制造、高端装备、大健康、科技金融、数字文创以及节能环保八个核心模块。同时在全国各地展开产业合伙，深耕大连、武汉，在京津冀、长三角、珠三角、中西部及其他经济活跃区进行重点布局，形成一张巨大的产业生态网，将这些城市笼络起来。亿达中国的成功主要是在全国各地选择产业合伙人，通过地域的整合，带动整个产业的发展。

企业在选择产业合伙人策略时，要根据企业产业定位和所处的市场环境进行选择，只有选择合适的产业合伙人策略，才能真正帮助企业实现快速发展。

5. 产业合伙人的操作步骤

产业合伙人是企业进行产业整合的重要手段。当企业开始整合产业上下游时，必然会将更多的同行转变成产业合伙人，通过业务层面、渠道层面以及股权层面的深度合作来带动企业的整体发展。目前产业合伙人不仅是上市公司，还是很多非上市公司阶段性发展的重要模式。产业的整合是企业发展的必经阶段，通过产业整合，企业才能在产业链上占据有利位置，实现快速发展。

企业建立产业合伙人机制时，可以从四个方面进行，首先是企业的产业布局和规划，其次是企业未来的价值呈现，再次是明确产业合伙的规则，最后是签订产业合伙协议文件。

（1）清晰的战略规划，明确产业布局

每家企业进行产业整合时，必须对整个产业进行深层次的思考，清楚企业的核心板块，包括企业的供应链、同行，以及企业的技术、金融、服务和人才等，产生一个总体构想。这个构想在很大程度上决定着企业的合伙方向，是向产业的上游发展，还是向产业的下游发展，不同的发展方向所采取的布局不同。

企业还要清楚自己在产业链的哪个位置，不仅确定企业的总体布局，还要清楚企业的近期布局、远期布局以及通过什么样的手段来实现这个布局。可以说，企业的战略规划直接决定着企业产业整合的成败，是企业进行产业整合的纲领性思维。

通过对产业的分析，企业可以建立一个完整的产业链全景图，包括产业的供应商、上市公司、核心竞争企业、产业上游的企业以及产业下游的企业。分析它们的优势和劣势，找到企业在产业中的位置，清楚企业的优势和劣势，明确具体的出发点等。产业链全景图有助企业进行产业布局，明确选择产业合伙人的方向。

最后明确企业的发展方向。通常有横向一体化发展（整合同类型企业）、纵向一体化发展（整合产业上下游）、多元化发展（建立企业的产业生态圈，甚至是跨产业），企业必须选择合适的产业方向，才能一步步实现产业规划。

（2）企业未来的价值呈现

如果企业不值钱，或者企业未来不能够带来足够多的回报，那么产业合伙人就不会购买企业的股份。企业要整合整个产业链，最关键的核心点就是厘清企业的商业逻辑，明确企业的价值。即使企业现在没有价值，但是未来一定要能够创造价值，而这些价值需要企业与合伙人的共同努力、共同创造，实现最大化的股权价值。企业的商业模式、战略规则、合伙机制以及未来市场的布局等是实现产业合伙的关键。

企业不同发展阶段所呈现出来的价值不同。在孵化创业期的企业主要是股权生发，包括股权融资、股权布局和股权统筹方面；扩张发展期的企业主要在于股权增值，包括股权融资、产业拓延和治理完善等方面；成熟上市期的企业主要在于股权溢价，包括股权融资、并购重组、持牌上市等方面；处于资本期的企业主要在于资本价值，包括股权增发、兼并收购、回购分拆等方面。

企业必须对企业的未来价值进行测算。通过产业整合之后，将企业未来的发展规划详细地呈现出来，这是吸引产业合伙人的重要手段。在呈现企业未来价值时，一定要将企业不同发展阶段可能达到的数值具体标明出来，越详细地呈现越能体现出企业的真正价值。

（3）明确合伙规则

企业的产业合伙人规则必须事先制定出来，主要包含三个方面的内容：一是企业的治理规则，包含合伙人与股东议事规则、董事会治理规则以及合伙退出机制；二是企业运营管理规则，包含管理团队的构成、任免和考核等；三是企业的战略规划，包含战略规划、研发规划以及市场规划等。

当然，在合伙规则中包含了企业与产业合伙人的具体合作方式，比如业绩的要求、购买的价值、回购的条款等因素。只有建立明确的合伙机制，才能达成共同的合伙意识，营造良好的合伙人氛围。

除此之外，在合伙规则中还包含利益的分配规则，产业合伙人的分配主要为利润分红、期股期权以及股权众筹。产业合伙人购买公司的股份之后，必须建立合理的分配机制。一般可以采用利润分红的模式，即通过企业所创造的利润进行分红，分红的比例按照产业合伙人所购买的股份比例进行。

另外，还可以通过期权的方式进行，即企业授予一定的期权，分配给产业合伙人，成为分红分利的凭证。还有通过现金股权的方式进行分配，即产业合伙人出资购买公司的限制性股份，等股份的锁定期一到，自动解锁，成为企业的合伙股东之一。

还可以通过股权众筹的方式，让合伙人一起参与进来。比如投放一个项目，将其机器放置在学校或公共的商务场所，通过众筹的方式不仅筹集了资金，也解决了产品销售的问题。无论采用哪一种合作方式，必须给予产业合伙人一定的利润价值，在分配机制内进行利润分红，才能真正实现产业共赢。

（4）合伙协议签署

最后进行合伙文件签署。合伙协议或合同具备法律效应，签署之后成为正式的产业合伙人，享受产业合伙人权益的同时，要遵守产业合伙人的相关规则，达成思想和战略的统一，站在同一阵营上，为产业的发展共同努力。

【经典案例】小米的产业合伙生态：双链路构建多元化全生态

从 2013 年开始，小米通过手机业务逐步延伸、辐射，展开了手机配套设备、智能硬件设备、移动物联网销售平台等多类产品生态圈，最大化提高用户粘性，构建了多元化业务生态系统。小米集团（HK.1810）2021 年的财报中显示，"拥有 5 件及以上连接至小米 AIoT 平台设备（不包括智能手机、平板及笔记本电脑）的用户数达到了 880 万"。8 年多的时间，小米已然成为在国内的 AIoT 上的领军人物，其生态链企业的贡献不容小觑。

不同于腾讯的巨大流量变现与阿里的商业版图，小米的生态布局也有自己的特色——通过产品和供应链投资实现小米生态下的互通互联。小米现在有两个大的生态：一个是以小米手机 MIUI 操作系统为核心的生态，另一个是以小米 AIoT 生态链产品为核心的一个更大的生态。前期小米主要通过投资孵化的方式培养产业生态里面一些有潜力的初创企业，在选择好的团队、好的赛道、有竞争壁垒的同时，小米除了给予资本助力，还通过提供标准赋能新项目优秀的设计能力、生产能力、管理能力和跨界混搭的新生力，辅以小米供应链的支持和品牌的溢价能力，并开放线上的小米商城、小米社区、网店渠道以及线下的小米专卖店等给到项目方更好的市场支持，完成从投、研、产、销的全链路保障，推动小米系的产品和企业更快更好地成长。后期随着品类饱和，小米越来越多的是进入成熟行业，深入工厂端和行业上游，以实现更大更强的相互赋能。

图 2-3-2-3

一路走来，从小米充电宝、小米扫地机器人，小米手环再到平衡车……通过发现用户心中的需求，用爆品来撬动市场，小米系已经覆盖了几乎生活的各个领域，让越来越多的人都看到"感动人心、价格厚道"的好产品。在产品的背后，是诸如石头科技、华米科技、九号、云米等多家上市公司和智米、紫米、绿米、黑米等在产业生态中不断成长壮大的"小米"系企业。目前，在小米投资的生态链企业中，至少有近 30 家成功上市，业务大多分布在智能硬件、先进制造等与小米生态布局有所协同的多个领域。

小米对于生态布局的合伙原则，是坚持"投资不控股，帮忙不添乱"，大多以参股不控股的方式进行。一方面保障产业间的协同与整合，实现资源共享和共同发展，促进小米生态的演进；另一方面也给生态下的企业更多的自主发展权与合作自由，如"去小米化"。在这个过程中，小米通过自身的硬件、系统、技术、品牌和生态优势，实现了其"竹林生态"平台上的共生、互生与再生，成为国内打造产业生态圈最成功的企业之一。

第三篇

合伙蓝图、合伙治理与合伙精神

第一章
设计合伙人蓝图：只做对的事，
只选对的合伙人

第一节　蓝图设计：决定组织未来的方向

1. 企业合伙失败的深层次原因

企业未来的蓝图决定着企业未来的发展方向。有的合伙人想要企业走向资本市场，有的合伙人想把企业做成大集团，还有的合伙人想让企业成为行业或产业的龙头，引领产业的发展。无论是哪一种方向，都属于企业未来的发展蓝图，需要在合伙人蓝图上达到一致性。

蓝图是企业打造合伙型组织、寻找合伙人时最重要的因素。现在各行各业都在做顶层设计，都在跟员工谈梦想。如果没有未来，就不可能会合伙，因为合伙的目的是共同创造价值，一旦价值没有显现出来，再好的合作伙伴也会分道扬镳。所以，梦想和未来是一个很重要的蓝图。很多企业曾经打造过合伙机制，但结局却是失败的。事实上，企业合伙机制失败的原因有很多种，归纳起来主要有以下几个原因：

（1）价值观念不同

有的企业在合伙之初，有人出资源，有人出技术，还有人出钱，本来合伙得好好的，到最后却因为价值观念的差异不得不选择散伙。比如，大家对企业发展的期望会有所不同。有的人想做成一个百年企业，为了取得良好的口碑，可以牺牲一部分盈利需求，宁愿赔本赚吆喝；而有的人想赚现钱，计划三年之后就把公司卖出去，因此着眼于短期利润的暴增，甚至为了这个目标不顾长远。这些不同的观念聚集在一起就会产生争执，争执到最后就是散伙。一方想做一个有情怀的企业，另一方却觉得应该现实一点，先赚钱再说。所以，价值观念很重要，必须寻找具有相同价值观念的人合伙，企业才能走得更远。

（2）价值与期望的差距

价值与期望的差距往往是现实的差距，当这种差异无法调和时，就会爆发出更多的矛盾。刚开始合伙时，大家都抱着极大的信心，可是真正开始之后，现实却没有如同想象中那样，所产出的价值没有达到期望值。这时，要么继续投钱，要么收手。比如，有一家做灯饰的企业，刚开始做合伙时，大家投了1000万，想着3年回本，结果投下去之后发现这1000万远远不够，还需要加投2000万。这样的差距会在无形中给合伙对象带来心理压力。很多企业就是这样，因为蓝图没有打造好，看不到未来也看不到希望，做了几年之后，钱不仅没有挣到，公司也没有做起来，最后只能散伙。

（3）贡献与回报不成正比

设计合伙人机制最大的难点就在于利益的分配问题，没有合理的利益分配模式，注定无法长久合伙。有不少企业刚开始做合伙时，一人拿资源，一人投钱，投钱的人往往占着绝大多数的股份。然而市场是变化的，通过发展企业获得的市场份额会不断扩大，业绩不断提高。有时候，贡献最多的人往往是企业运营管理人员，如果他们是小股东，所分到的利益比例却非常小。明明对公司的贡献最大，结果却分到了很少利益。这种不公平就是企业合伙的定时炸弹。通常在企业的起步阶段，利益的分配看似合理，可是当企业发展到一定的程度时，有的人能力越来越强，贡献越来越大，如果还按照原先的比例进行分配，就会产生巨大的心理落差。很多企业在做股权激励时，首要考虑的便是利益分配要均衡。其实这不是分配均不均的问题，而是分配合不合理的问题。只有利益分配合理，团队才能长久地合作下去。

（4）选错合伙模式

在企业发展的不同阶段，要选择不同的合伙模式，并不是所有的模式都适合企业的现状。如果模式选择错了，那么就找不到对的合伙人。所以，在做合伙前一定要考虑好两个问题。

第一，为什么要做合伙？为什么要跟他合伙？比如，你在找合伙企业或组织时，一定要明白其中的差异性，明白企业与企业之间的不同点。

第二，你能给对方带来什么？不管是项目合伙还是用户合伙，你都要明白，对方与你合伙之后会得到什么，只有这样对方才愿意与你合伙。同样地，你也要考虑对方能给你带来什么？双方的利益是不是均衡的？

只有先防范这些可能出现的问题，你才能找对合伙人。所以，在合伙前必须打造企业未来的蓝图。

另外，在不同的合伙模式中，组织模式也将不同。通常组织模式必须契合未来业务的发展。比如做城市合伙人，未来如果有几十个城市合伙人，那么原有的组织结构就要跟着发生变化，采用不同的设计方式，是矩阵式，还是网络式，或者是事业部式。所以，组织变革必须驱动整个合伙模式的变化，达到共同发展的目的。

过去很多企业组织仍是金字塔式的结构，限制了有能力的人的发展空间。现在企业遵从时代发展的规律，设计符合企业的发展蓝图，让更多的人参与到企业的发展当中，企业会越来越有价值，股权价值也会跟着得到提升，所带来的回报也就越来越多。所以，企业的蓝图设计决定了企业的未来，一个合理的蓝图设计，能给企业带来无穷的财富；反之，将是自断生路。

2. 打造企业未来蓝图时要考虑的三个问题

打造企业未来蓝图的过程，也是为企业的未来价值创造方向的过程，它决定了企业的性质和特点，帮助企业快速找到合适自己的发展方式。随着时代的变革，内部组织的不断优化，我们必须选择更合适的合伙方式。不同的蓝图匹配不同的合伙方式，合伙方式又决定着合伙对象的选择，这必定会带来许多不同的思考。

（1）为企业设计何种商业定位与发展方向

首先我们应该对蓝图有一定的规划，明确蓝图以后，再确认商业定位。比如对公司发展方向上的思考、相关的战略布局等，即未来你想打造一个什么样的企业，是平台化的企业，还是龙头企业，或者是新型的生态企业……不同的商业定位造就不同的合伙模式，如果没有清晰的定位，就无法选出合适的合伙模式。

定位清楚之后，你要明确企业的战略发展方向，包括企业的使命、愿景和价值观。在选择合伙人时，要考虑对方是否认可你的价值观，是否与你站在同一阵线上。如果他不认可你的价值观，那么他可能只是过客，与你合作的目的只是为了赚钱，钱赚到之后，他一定会走的。所以你要考虑一下，你与他进行的是哪个层面的合伙。如果是业务合伙人，产生利润后分钱就行了。但是，你绝不能把他上升为事业合伙人和创业合伙人。

（2）谁能帮助你实现这个蓝图

你想成为什么样的企业，就需要与什么样的人合伙。这些与你的价值观有关。每个人在选择合伙对象时，都要权衡利弊。你所寻找的合伙人有没有能力帮助你实现目标？关键能力非常重要，他的哪些核心能力是你所需要的？比如销售企业，所寻找的合伙人必须具备一定的资源，除了业务资源还要有人脉资源，还要有一定的销售能力。如果没有销售能力，产品销售不了，自然无法产生价值。而且，我们不仅要考虑他现在的能力，还要考虑他未来的能力。只有综合考虑，才能找到合适的合伙对象。

（3）制定什么样的组织文化

在合伙蓝图设计中，组织文化有着强大的凝聚力，它能起到示范和带头的作用。如果最开始的合伙组织没有更好的合伙人精神、没有更好的组织文化去吸引更多的合伙人加入，到最后整个组织就像是一盘散沙，风一吹就散了。组织必须有自己的根，这就要求组织必须有自己的文化特点。一定要有先进的模范起到带头作用，这就是一种标杆。如果合伙人所做的事无法起到标杆的作用，其他成员就会觉得合伙人也就这个样子，只不过是徒有虚名而已。所以，合伙人必须拿出自己的姿态来，用这种姿态去影响其他组织成员，形成独有的组织文化，将整个组织紧紧地凝聚起来。

第二节 蓝图匹配：决定合伙方向时要做的三件事

1. 原地突破，产生更多的商业价值

企业打造合伙型组织，是为了产生更大的商业价值，产能越好产值越高，合作的对象就越好找。如果未来不能创造更多价值，或是价值已经最大化，人均产能无法得到提升，那么合伙模式注定无法持续下去，因为没有提供相应的利益。

比如，原本 100 个员工产生 1000 万的利润，现在 200 个员工只产生了 1500 万的利润，人均产能变低了，利益自然而然地降低了。在这种情况下，如果不能落地配合产能与效能提升相关的规划和举措，即便想推行事业合伙人机制，实施的效果通常也不太理想。

由此可见，只有在能创造更大商业价值的前提下，合伙模式才有存在意义。因此，在未来的产业创新过程中，企业应该创造更多的商业价值，而不是徘徊在原地，应该走出原有的思维圈子，迈向更大的舞台。

（1）为企业的商业价值寻找创新方向

通常在合伙模式中，首当其冲要考虑的是企业应当站在什么样的位置去吸引合伙人。在规划蓝图时，企业应当站在更高的层面思考问题。要知道，企业的商业价值链不仅包含产业链，还有客户链和企业的内部价值链。在整个链条中，企业要扮演什么样的角色。在扮演这种角色当中，与企业利益相关的人应该是重点的合伙对象。有些伙伴是提供资源的，有些是做业务的，有些是做技术的，还有一些能提供产业资源，这些都与企业的利益相关。

所以在设计合作模式时，一定要思考与企业利益相关的对象有哪些，应

当用什么样的方式去合作？是简单的代理，还是成立一个新的公司，还是做独立的子公司去运作同一个品牌……当然，其中还有很多细节值得重视，必须有着清晰的定位，这些定位都可以成为企业商业价值创造的方向。

（2）用商业视野制定发展规划，找出能创造最大价值的产业

我们必须要有商业视野，是站在企业的内部，还是站在行业的痛点，还是站在产业的角度去看待企业未来的发展。不同的视野，所产生的价值都不一样，最终的合伙方式也不一样。比如有的企业站在行业的制高点，那么未来就要做产业创新，一定要吸引产业合伙人，而不只是简单地照葫芦画瓢，必然有一个属于企业自己的发展规划。

在商业逻辑中，一定要有深度。并非哪个板块能挣钱，能产生最大化的价值，就去做那个板块。现在都在谈产业变革，但是有些产业还是越做越差，有些产业却越做越大，这就是整个产业逻辑在发生变化，必须将能创造最大价值的产业找出来。

（3）尽早解决既有问题，为价值最大化创造土壤

在实际合伙型组织打造过程中，企业最大的问题还是怎么运营下去，必须找到合适的办法来解决企业当下所面临的问题，扫清那些阻碍价值增长的拦路石。

我们要仔细分析企业的现状。是产品没有竞争力，还是客户不断地流失，或是组织效率低下？产品边缘化越来越厉害，竞争力就会越来越小，客户的忠诚度也越来越小。特别是在互联网时代，每一家企业都在打价格战，企业的生存空间越来越小。因为是老员工或是关系户，有些没有能力的人继续占着应有的位置，企业的管理成本增高，效率却没有提升，利润肯定也会越来越低。面对这些情况，我们必须站在行业的角度进行变革。

① 解决产品的问题

产品为什么没有竞争力？是平台不过硬，还是技术落伍了，还是成本增加了？我们必须在产品方面做足功课。从产品本身着手，深入解决产品本质

上的问题，提供最好的产品，想办法增加多个产品线，不单一进行，由此提高企业的收入。

②注重营销

营销会在一定程度上拓展更大的客户市场，让客户的粘性越来越高，购买量越来越大。如果不去拓展客户群体，不去做更大的市场，那么企业的收入不可能有理想的增长。

③组织革新

通过组织变革，最大化提高人才的效能，通过合适的激励机制将人才的效能激发出来。现在很多企业最大的成本就是人工成本，只要人工成本降低了，企业的效能自然就会有所提升。

④解决利润分配的问题

利润从一个点变化到多个点，如果不能创造出更多的利润，还是保持原来的模式，那么问题永远无法解决。合伙模式到最后必然是一个合理的分配模式，如果没有利润来进行分配，自然不可能走得更远。自 2019 年以来，在宏观经济下行和新冠肺炎疫情反复的影响下，很多企业的现金流越来越紧张，应收账款周期越来越长，导致企业的融资成本不断增高，在很大程度上限制了企业的发展。

2. 多元拓展，最大化丰富企业的业务链

拓展客户群体能有效防止企业业绩的下滑。通常行业整体不景气、已经开始走下坡路时，企业要想办法在行业中拓展自己的客户群体，将更多的资源利用起来。如果企业只是守住现在的客户，而不进行更多的尝试，最终所守住的这些客户也会流失掉。企业发展的滞后，在很大程度上是因为安于现状、墨守成规。在可以突破创新时，却没有及时突破创新，所面临的将是时代的考验。

企业必须不断地创新，用新业务来拓展客户群体。比如进行技术创新，

或者跨区域发展，从行业本身的角度出发，切入其他的行业。

（1）转变客户层面，拓展客户群体

受到气候的影响，北方人在建楼时，一般都会用到保温材料。有家公司做建筑墙体的保温材料，他与建筑商合作，取得了一定的成果。后来他想，保温材料的效果不错，如果只是找原来的客户，并不能得到最快的发展，特别是建筑行业这几年渐渐开始衰落，不能仅仅只局限于建筑这一块。他想寻求突破，于是就从材料本身出发，思考现有的保温材料能不能渗透到其他行业去。随着快递行业的快速发展，生鲜行业越做越大。生鲜最重要的问题就是保温保鲜，而这恰恰与他的产品存在着互通性。于是，他开始做保温盒子。通过客户层面的转变，他的客户群体发生了变化，不再局限于建筑领域，从而拓展了市场空间。

所以不要只看现有的客户，现有的客户只能保证现有的产能，必须看得更长远一些，思考一下能不能拥有更多的客户群体。

（2）横向拓展企业的业务链条

有一家新三板的企业，原来是做掌纹系统的，掌纹与指纹不同，它是通过静脉来识别，是最早最安全的一种识别方式，通常用来保护国家机密的安全。后来，公司基于专业的技术研发团队，还开发了人脸识别功能。原本只是针对部分需要极高安全保障的地方才需要安装人脸识别系统，现在很多企业、事业单位、商业设施、教育机构等都设置了人脸识别，通过人脸识别来管控进出、收集数据。这种横向的业务链拓展给企业带来了更多的盈利机会。就是这样一种技术，在寻找业务上的突破时，可以用来支付、用作门禁等，它的业务性质并没有发生变化，但是应用场景的扩展让相关的业务链变多了。拥有了多个业务链条，企业的收益自然会跟着增加。

（3）从企业的价值链出发，创造更大的价值

有一家做铝材的企业，最开始只是做贸易的，自己拿下订单后，再找企业进行加工，然后赚取中间的差价。随着行业的发展，他发现一些大的工程

项目拿不下来，因为他没有工厂，客户知道他只是中间商，自然不愿意继续合作。在这种情况下，他只能做一些小生意。

想要获得更多的利润，他必须向上拓展自己的业务。首先要建一个工厂，建厂是一个非常大的挑战，需要更多的资金，但是他只能往上游发展。于是，他从外面挖来厂长、技术人员，拥有了自己的加工厂。

建厂之后，需要运营，如果解决不了资本问题，企业就没有发展空间。而且在铝材行业当中，最大的成本就是原材料的成本，原材料的波动会影响到整个生产线。如果想通过囤积材料来降低成本，就需要管控风险。在这样的情况下，他又投入大量资金，找了一个合伙团队，专门在上海做金属期货。他对合伙团队提了两个要求，一是把铝材行业生产厂商的库存情况、生产计划向他报告，如此解决了未来铝材原材料波动的情况；二是通过资本链的运作，快速拿资金，实现资金回流，让生产规模越来越大。于是，企业进入资本市场，吸引资本合伙人，打造了更大的商业平台，往企业的价值方向发展，最后企业越来越值钱。

3. 模式创新，抓住产业链的核心点

在企业层面，有一种叫作产品型的企业，从原材料商、配套商、中间商、销售商和批发商，总会占据产业链条的一个位置。产品型企业通常处在产业链条的上下游之间，需要做到各种平衡。产品型企业找合伙人，一定要以提高利润为主，从产品提供者变身为服务者，或者站在整个解决方案上面思考：未来要做什么样的发展，最大的困难是什么？什么人能帮助你解决这些难题？你是作为中间商、代理商，还是销售商的某个产业链环节，怎么与相应的合伙人进行合伙等，必须进行深入思考。

（1）拓展企业的资源，转型至服务商

有一位获得国家"千人计划"的专家擅长于焚烧技术，他从加拿大回国创业做了焚烧炉的项目，研发的技术可以使垃圾焚烧的效率更高、污染更小。

当时企业的客户主要是发电厂、垃圾焚烧厂等，但是这位企业家逐步发现产品虽然卖出去了，但他没有话语权，也没有溢价能力，因为客户属于强势的一方。产品再好，也会受制于前端。同时，这种大型设备是低频消费，没有持续性的消费动力，客户业务也难以延续。不仅如此，在产品销售后，因为提供相应的售后服务，致使技术效率十分低下。

所以，他们想要从商业模式和业务模式上发生转变，这个转变也就带动了合伙人的转变。企业之前是卖产品的，现在主要做服务，在全国各地建立服务点，招募城市合作伙伴，卖多少台设备出去，就设立多少个服务点，由专门的服务团队去服务。通过这种模式的发展，渐渐抓住了产业链的核心点。

在深度的业务服务中，他们发现更大的商机。通过联合各大合作伙伴，做垃圾处理整体解决方案，与发电机厂和污水处理厂等单位一起合作，从产业层面进行合伙。有的人做垃圾处理，有的人做发电，有的人做污水处理，从上到下贯通。这时企业就不再是做产品和服务了，而是拥有了产业化的特性。在无形中增加了两笔收入，一是垃圾的处理费，二是垃圾处理之后进行发电后的电费。模式发生转变，利润点变多，吸引更多的产业参与进来，通过事业合伙人、资本合伙人让企业发展获得更大的空间和机遇。

（2）做整体解决方案，实现细分赢利

扩展企业的业务链还有一种方法，就是从产品模式进行升级，不再只做单一的产品，也不只做某个问题的解决方案，而是做整体的解决方案，实现细分领域赢利。比如在细分领域做到极致，使成本降到最低之后，寻求模式的升级，转型做整体解决方案。有一个做保险丝的外资企业，做到了全球70%以上的市场，在中间商进行产业合伙，将企业越做越大，采购成本下降了，市场的占有率自然提高了。如英特尔、三星，都在自身产业链中做到了极致，占有了更多的市场份额，因为它们的技术有优势，通过整合产业链的中下游企业进行合伙，能在最大程度上降低成本。如果没办法降低成本，企业想要赢，就只能提升产品的价值，增加产品的附加值，提高销售价格。但是在产品同质化的情况下，这种方式很难得到更多的利润。

（3）从行业领军者到跨界竞争者

现在很多行业的产能过剩，行业整体已经陷入恶性竞争之中。行业需求的下降、市场容量的萎缩、行业成本的上升、利润的下降等问题困扰着很多企业家。企业面临着跨界的挑战，比如互联网企业或其他行业龙头参与进来，甚至一些中下游的企业参与到高维度的竞争当中，使企业的生活空间越来越小。比如传统的零售行业，阿里做了"盒马鲜生"，这是一种跨界式的竞争。过去十多年是消费网高速发展的阶段，现在则是产业互联网发展的阶段，阿里就进入产业互联网时代，开始改造传统的制造业。

企业家能战胜同行，却无法战胜这个时代，因为未来的竞争者不是同行，更多的是由跨界带来的威胁，这种威胁往往更大。这就要求我们除了在企业层面进行创新，从原来的产品提供者转换角色，设计出合理的解决方案，甚至成为行业的领军者；还需要再向别的领域渗透，充分利用企业的力量和优势，寻求更多产业链上的突破。

企业不同的发展过程，它的价值也会跟着发生变化，所吸引的对象也会发生变化。一些企业已经成为行业的领导者，是上市公司，是巨头，但是它们都会遇到发展的瓶颈，在这个行业做了几十年的老大，如果还守在这里，发展空间会越来越小。不如转变思维，改变企业的固有模式，跳出原有的行业，跨界发展。这时候企业所吸引的事业合伙人就要发生变化，需要吸引一些跨界的人才来发展不同的公司，一个子公司就是一个新的板块，借助别人的力量和经验扩大企业的发展。所以，很多企业在行业中发展到一定程度时，必须要跳出原有的圈子，以寻求更大的发展空间。

第三节 商业模式的改变：整合产业链，实现价值裂变

1. 向产业链上下游过渡，为企业谋取更多的利润空间

如果站在行业的角度去看企业的发展，并以此来打造蓝图，那么企业的定位将完全不一样。企业的未来可能是成为产业链的整合者。很多企业常常是往上游去发展，因为上游有定价权，拥有更大的产值空间，特别是以原材料为主的企业。在产业链条中，有些是前端和后端价值高，中间价值低。那么必须想办法改变，要么往上游走，要么往下游走，一直滞留在中间就没有利润增长的可能。

很多企业发展到一定阶段后，都会进行并购，就是为了把企业做大。现在的互联网企业早已不再局限于当下的位置，都是不断地向外扩展。

为了让企业有更好的发展，必须整合产业的资源。整合的资源越多，越高端，企业在产业链上的地位就越高。这意味着资本对企业的估值高，吸引合伙人的可能性就越高，而且这时候的合伙对象也会跟着发生一些变化。

比如传统的养猪行业，原本是做养殖业的，但是为了解决整体产业链的结构成本，不仅做育种，还做疫苗，甚至粮食、贸易、生产等多个环节都在考虑之中。因为养猪最大的成本就是饲料，饲料的价值波动直接影响着最终的利润，所以企业必然会切入到饲料的生产环节之中，一旦做起来，后端的利润就会非常之大。

因此，在合伙模式上，每一个养猪厂都是一个合作点。合伙人只需要将猪养好，提供猪种、饲料、疫苗，整个生产流程非常清晰，所有的信息系统化，每只猪都有特定的跟踪记录。通过这样的控制，可以将整个养殖的成本降到

最低。它要求整合整个产业链当中的上上下下，每一个合伙人都不用担心销售的问题，全部配套解决，最终形成规模化效应。

即使有些合伙人资金不够，也可以通过这种模式，以合伙人的方式将上下游整合起来，赋予一定的技术和资金让对方快速成长起来，形成一个完整的产业链。

2. 向平台型企业过渡，从生产者到技术服务者

很多企业在原行业当中，已经积累了很多年，有技术、有产品、有服务，企业的系统就会非常好，以这些为基础打造一个合伙平台，为同行提供全方位的服务。这种平台型的企业，往往涉及 C 端、小 B 端、大 B 端，甚至生产厂商。

酷特智能上市背后，体现出的正是技术服务者平台化的成功。作为一家脱胎于传统服装企业的智能制造企业，酷特智能积极拥抱产业互联网，充分利用大数据和人工智能技术，用数据驱动所有的生产销售流程。在酷特智能平台化生态化的治理体系中，不管是企业经营过程，还是客户需求，都会以数据的形式呈现出来，同时在企业大数据平台上实时流动更新。

经过这番模式改革，酷特智能摆脱了产业链低端的红海竞争，度过了服装行业的"寒冬"。不仅顺利完成个性化定制生产模式的落地实践，做到零库存、按需生产、有效且精准地供给，并且实现了用自己所掌握的核心技术为众多产业提供赋能。比如顺利切入医疗行业，生产医用口罩和防护服等产品，甚至将自己生产的口罩机销售给了其他企业，在医疗产业拓展出一个业务链条。

酷特智能总裁张蕴蓝说："这场新冠肺炎疫情让我们更加敬畏市场，敬畏新技术、新趋势有可能带来的影响。我们看到 5G、生物技术、物联网、无人驾驶、人工智能、智能制造等领域比以往任何时候都更闪耀着现实的光芒。毫无疑问，我们的确站在了一个新时代的开端，就商业来说，这是残酷

的又是充满希望的。"按照酷特智能的战略规划，它还将进军更多产业品类、布局多个行业。

通过这些互联网平台，用户资源的流量提高了，企业的整体价值也提升了。蚁安居是一家平台型企业，老板原来是中国最大的卫浴代理商，卫浴的利润很高。但是他没有局限于此，而是做了另外一件事情。在卫浴行业有一些痛点，比如安装、物流等是很多卫浴代理商最头疼的事。因此，蚁安居根据行业痛点，利用自身非常专业和完善的服务体系，着手搭建了一个平台，专门为同行服务。蚁安居成为中国家居行业一体化供应链的服务商，为很多产品提供服务。比如卫浴、门窗等家居用品，从出厂、到仓储、到配送、再到安装，提供一条龙的服务。这意味着厂商不需要物流团队，不需要安装团队，不需要后续服务团队，由蚁安居专门来服务，这样一来产业链上企业的成本自然降低了。通过这种方式，提供维修一体化的服务体系，也为C端消费者提供了便利。

原来只是卖卫浴的销售商和代理公司，企业的价值自然不高。虽然企业的价值不高，但老板依然可以赚钱，只是整体产值得不到更大的提升。当服务平台搭建起来后，整合了产业链条中的无数商家，为整个行业服务，企业的价值自然越来越高。正是因为商业模式的转变，使企业的价值发生了裂变。有了业务蓝图、有了事业蓝图，吸引的合伙对象就更加全面。

如果发展到更高的层次，站在产业的角度来看待企业的发展，我们会看到多个行业都面临着跨界的冲击。因为产能饱和，整个产业跟着停滞不前。这时候必须继续进行产业整合，通过互联网整合产业资源，做成全产业平台，实现跨界的发展，整个产业的利润也会跟着提高。

3. 向生态化企业过渡，实现业务裂变和价值裂变

企业发展到一定的阶段，就会走向生态化，也就是说所有的企业都是生态化企业。所以，生态化企业就是把上下游各行都整合起来。只有把产业链

条中的各个环节都打通了，企业的发展才是生态化的。这种模式几乎改变了原来的企业运作方式。

比如马云的新零售与传统零售行业有根本的区别，因为商业模式发生了改变。盒马鲜生最早是零售行业，以往全部用现金结算和线下交易，而现在全部使用了平台支付系统，使用了供应链系统、线上结算系统、物流系统，资金资源全部集中在一起，整个模式都不一样了，完全改变了用户系统，建立了一个零售业的生态。

生态型企业就是让企业内部变成一个创业平台，不断开展新的业务，裂变成业务单元的主体，再发展成为一个独立的创业公司，创业团队不断地裂变。这种裂变不仅仅只是业务上的裂变，还可以让合伙人自己去找资本，自己去谈判，实现价值裂变。

很多企业通常都走过这样的路：大部分创业合伙人的关系非常不错，大家发现这个业务可以创业，就成立子公司，由公司控股一起注入资本，甚至公司导入资源；发展到一定的阶段，创业合伙人就会成为事业合伙人，所持有的股份可以置换到总部的股份，这就涉及股权置换模式。

现在大部分互联网企业都是完整的生态型企业，较多地使用创业合伙人与事业合伙人的模式，这些模式让每一个员工都有机会成为老板，成为一个企业家，并推出各种保障机制。企业通过向生态化平台过渡，能帮助企业实现价值裂变，进而拥有更大的发展空间。

【经典案例】雅昌艺术书店的商业蓝图

雅昌艺术书店将传统的纸质书与互联网技术相结合，通过扫描纸质图书的画面来延展书籍背后的故事，使其成为一个多媒体的入口，通过将企业平台化，做成产业，雅昌产生了本质的蜕变。经过多年的发展，雅昌的产品也发生了变化，不再局限于传统的印刷，而是以数字印刷为入口，进行全方位的展示和包装。比如博物馆中的文献资料，将这些资料全部数字化。

不仅如此，还将很多艺术家的作品全部数字化。如北京的故宫、南京的博物馆，里面的古董、艺术品、字画全部变成数字之后，它的艺术库就成为全球最大的艺术库。可以说它的商业模式从线下走到了线上，从一个印刷厂变成了一个艺术网。每一个在线上进行的博物馆展览都成为一个流量的入口，之后再进行线上消费的设计。

这种平台型的商业模式无疑是具有前瞻性的，是一种大胆的突破。从某种意义上来说，雅昌将自己的用户发展成了合作伙伴，同时提升了雅昌整体的企业价值。在 B 端，艺术家机构、拍卖机构、文博机构都是雅昌流量的入口。这些机构与雅昌的合作关系给雅昌带来了质的变化。艺术品数字化之后，放在网上展览，取得的利润进行分成，既是合作伙伴，又是雅昌的客户。雅昌还打通了 C 端，通过艺术家来推进产品、仿制品，甚至真品的拍卖；又通过衍生品、数字化产品进行流量导入，如此一来 B 端有了，C 端也有了，形成了一个闭环。这个闭环是雅昌发展过程中非常重要的一个闭环，保证了雅昌持久的生命力。原来雅昌只是提供单一的产品，现在它结合数字化技术，解放了艺术家，通过数字化与艺术家形成共赢。这种模式注定了雅昌的成功，产业生态化后，已经没有企业能与它竞争。

雅昌做通了艺术品产业链的经营，它站在产业的角度考虑企业未来的发展，而不单单只是做一些印刷品。在雅昌的发展蓝图中，包括艺术的价值传播、艺术家的提升，将艺术品传播出去，又提升了产品的价值。

雅昌之所以能成功，有几个核心关键点：第一个关键点是它的艺术品数据是别人无法获取的，这是它的核心竞争力；第二个关键点是技术的积累，它本身就在印刷领域做到了极致，印刷出来的工艺品属于国内顶尖，甚至可以与世界顶流相媲美。当雅昌将产业的上下游打通之时，企业的性质发生根本的变化。艺术服务是核心商业模式，印刷结构输出艺术品形成消费，创新所带来的价值让企业产生了质的飞跃。

在雅昌整合合伙人的过程中，有以下几点值得参考：

第一，将用户发展成为合伙人。艺术家既是它的用户，又是它的重要合作伙伴，通过艺术家的名声带来流量。

第二，雅昌的每一个模块独立出来，形成事业合伙人的模式，而不是所有的模块混合在一起管理。在它的产业合伙人里打造了生态型平台，让员工自己寻找事业合伙人，自己去创造，进而在各个板块当中形成闭环。

第三，雅昌突破了传统的局限，进行一系列的变化，企业的定位也跟着发生变化。从企业层面过渡到产业层面，在产业创新中找到了属于自己的新商业模式。

第二章

合伙人治理：牢建上层管理，
团队永葆活力的管理秘诀

第一节　合伙人治理的由来：内部组织黑洞带来的思考

1. 合伙人治理，使核心团队永葆活力

整个企业就好比一个小宇宙，在宇宙中存在着大量的暗物质和暗能量，还有一些具备极大吞噬能力的物体。大到整个宇宙，小到公司组织，都可能出现组织上的黑洞。黑洞会随着公司的发展，慢慢衍生出来，成为企业发展过程的最大障碍。

通常，在企业发展早期会存在着很多问题，但是在发展阶段，企业并不具备提出问题、解决问题的能力。因为企业的规模尚小，重心始终围绕发展。可是当企业发展到一定阶段之后，就会出现拉帮结派的现象。因为监管不到位，又会出现个体腐败的情况。有些领导到了一定阶段一定职位后，觉得自己能力出众，做出一丁点儿小贡献，就开始狂妄自大。不仅如此，有的员工本来具备不错的条件，企业决定重点培养他，他刚开始很努力，可是到了一定阶段后，自身的思想却慢慢出现问题。在这些情况下，很容易造成团队分裂，或者员工离职，给组织带来不小的影响。

企业组织出现问题是一件再正常不过的事情，但是企业必须找到问题的

根源，究竟是在哪个阶段出现这些情况的？这些情况是从什么时候开始？是从哪个层面开始出现问题的？

一个公司的衰败往往是从上层开始的，上层领导的改变将给公司带来致命的影响。上层组织的变化往往来源于对外界和自身认识的不足，导致企业出现各种各样的问题。而上层领导出现问题的根本原因在于，上层的合伙人没有遵从合伙人的治理规则，他们的精神追求已经在丰富的物质生活中出现了变质。所以，企业的管理必须具备强大的自我净化和自我迭代的能力，这样才能符合时代的规律，保持企业的长久发展。

在物理热力学中，有一个很重要的熵增定律，即在一个自然过程中，孤立的系统最终会达到热平衡的状态。所谓热平衡的状态就是一个无序的状态，这个过程就是从有序到无序的过程。组织也是如此，刚开始创业时，每一个合伙人都干劲十足，自我约束能力强，不受外界的干扰，保持着合伙人应有的行为和准则。可是随着企业的发展，有些合伙人因为眼前的成绩而故步自封，仅仅局限于企业之内，却看不到企业之外的变化，最终慢慢走向无序状态。如果真的到了这种地步，那么组织就会跟着一起死掉，公司也没有办法继续维持下去。所以，企业应该避免熵增，通过合伙人治理使核心团队永葆活力。

2. 合伙人治理，将公司带向更高的维度

企业的管理是一门高深的学问，如果制度制定得太严，短期内虽然能激发每个员工的活力，可是没多久又会慢慢恢复原样，激励的有效期并不理想。

今天的企业究竟应该怎样进行管理？这是每一家企业都在摸索的事。其实无论哪一种制度都存在着缺陷，只有最适合企业的才是最好的制度。每一位企业家都应该保持持久的思考力，不停地琢磨企业能不能够使用这种方式。有些东西适合企业，有些东西则不适合企业，必须进行仔细甄别。根据企业的实际情况和自己的经验，不断地总结，才能不断地进步。

在企业发展的不同阶段，适用于不同的管理制度。而且制度一定要具备不断迭代的能力，因为企业的发展阶段不同，战略性的资源配置要求也不一样，反馈的环境不同，这时对组织就会有新的要求，要求组织能够不断地迭代。

在管理学中，通过追求某一个层级上面的制度，形成某一种精神约束。经过这个层级的制度和精神，能将公司带向更高的维度，以此给组织增加关键性的力量。这就是合伙人治理应该带给企业的改变。

合伙人的治理能让每一个合伙人拥有强烈的参与感，充分保持团队的凝聚力，这是企业发展过程中最大的财富。在人力资本时代，企业的一切产值靠的是人才，只有保持强凝聚力，才能永久保持团队的活力和忠诚。那样企业就能往自己的方向发展，打造出符合企业特点的合伙人团队，促使企业向更高的阶层发展，而这正是合伙人治理的意义所在。

第二节 合伙人要管合伙人

1. 合伙人治理应该在哪个维度

企业不能把合伙人管理等同于公司的管理，也不能用合伙人去领导公司，合伙人与公司的管理应该是两个维度的问题。合伙人治理是更高维度上的一种管理手段。

这时面临着一个相对复杂的问题，即合伙人的治理应该在哪个维度进行，由哪些人来治理合伙人？如果合伙人跟公司的日常管理分开，那么合伙人还会发挥什么作用？事实上，最直接有效的办法就是通过合伙人来管理合伙人，即实现合伙人自治。这样既能带动公司的发展，又不会干扰到公司的日常管理，关键在于达到一种平衡。

法定治理的结构通常是三会一层，即法定治理结构、股东会、董事会、监事会和高管层的权限。法定治理结构不等同于合伙人自治。合伙人自治是在合伙人层面上进行的治理，两者之间有着本质上的区别。法定治理结构一般是遵循公司法进行的，上市公司还存在一些监管，要求规范运作；而合伙人自治则是一种个性化的行为，它是在合伙人体制内单独运营的结果。两者之间既有区别，又相互作用。前者是法定治理结构，包括公司的整体管理和运营管理；后者是公司个性化的合伙人大会、合伙人委员会以及合伙人的治理结构。

目前国内很多公司的治理仅仅属于早期阶段，还是一个雏形，还停留在照搬西方公司的治理手段，并没有形成自己的治理方式。这是因为国内的管理学严重落后于生产力的发展，管理跟不上发展，必然导致企业内部出现问题。所以，要采用个性化的治理方式来应对。

在现阶段，企业必须拥有独立董事，必须强行规定部分公司成立监事会。

然而大部分企业根本不懂得处理好独立董事和监事会，只是形式上的监管，结果造成了大量的浪费，企业的内耗越来越高。事实上，从监管层到公司内部，这部分内容不能流于形式，而应该扎扎实实地执行下去。现在的上市公司，很多因为这种模式增加了不必要的成本。但是想要改变这个局面，十分困难，只能从治理层面，通过合伙人的治理来建立一个管理好高层的方式，保持组织高层团队的活力。

而合伙人治理是通过合伙人自治组织，即通过合伙人大会、合伙人委员会、合伙人委员会执行委员三层角色发挥自治作用。

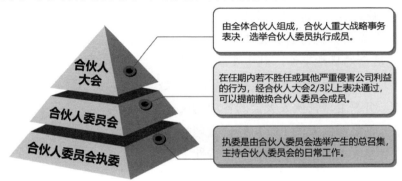

图 3-2-2

合伙人大会由全体合伙人组成，合伙人重大战略事务表决，选举合伙人委员执行成员。其主要职责如下：

（1）选举合伙人委员会成员；

（2）审议决定合伙人的进入与退出；

（3）审议决定合伙人的合伙人精神与价值观的考核结果；

（4）讨论与全体员工相关的规章制度及福利政策，向联席管理会或董事会提出建设性意见；

（5）审议批准《公司合伙人制度》。

合伙人委员会在任期内若不能胜任或出现其他严重侵害公司利益的行为，经合伙人大会 2/3 以上表决通过，可以提前撤换合伙人委员会成员。其主要职责如下：

（1）执行合伙人大会的决议；

（2）对合伙人的合伙人精神及价值观进行评议考核，并提交合伙人大会审核批准；

（3）组织合伙人的民主生活会；

（4）讨论与全体合伙人相关的规章制度及福利政策，向联席管理会或董事会提出建设性意见；

（5）对公司的日常经营管理向联席管理会/董事会提出建设性意见；

（6）修订《公司合伙人制度》，并提交合伙人大会审议批准。

合伙人委员会执行委员是由合伙人委员会选举产生的总召集，负责主持合伙人委员会的日常工作。其主要职责如下：

（1）组织主持合伙人委员会的各项会议；

（2）组织主持合伙人大会的各项会议；

（3）收集合伙人关于公司经营管理的意见和建议；

（4）合伙人的其他协调性、支持性工作。

2. 阿里巴巴的"政委体系"

阿里巴巴非常重视合伙人的治理，推行了一个专门的"政委体系"。主要是确保组织的价值观和愿景使命，打造一个拥有战斗力和激情的核心合伙人团队，这个合伙人团队是阿里巴巴发展的重大资本。

阿里巴巴的政委体系具备两个基本特点：第一是做形式上的事情，专门针对合伙人思想进行传导，实现价值观、理想和观念的传承；第二是专门针对核心合伙人，与内部管理协同操作，实现核心合伙人的基层建设。通过建立监管机制，在合伙人中形成自治文化，以此推动企业的内部管理，实现组织的有效迭代。

所以，阿里巴巴的政委体系与业务之间形成了一种作用力和反作用力的关系。在这个体系中，与平常业务相关的是短期利益，但是现在关注的是长期的目标和文化的传承。两者之间拥有一种制衡，最终达到了某种平衡，这就是阿里巴巴的合伙人治理思维。

第三节　认准核心合伙人，定位治理对象

1. 合伙人治理主体的衡量指标

合伙人治理的层面是企业的核心合伙团队，只有核心合伙团队才有资格谈合伙人治理。例如，门店合伙人是不建议参与合伙人治理的，因为治理一定要上升到公司的维度。在公司维度上的合伙人才是合伙人治理的对象。

合伙人治理一般指的是在职合伙人、股东或股权激励的行权对象，或者是高度践行公司价值观与合伙人精神的人。

如果股东不在职，那么这类合伙人也不是治理对象。基于对合伙人治理的认知，合伙人如果仅仅只是扮演股东的身份，那么他就不能成为治理的对象。合伙人治理强调的是一定要在职，只有在职才能成为治理对象。但是仅有在职还不行，并不是每一个人都能参与进来，必须是拥有股权。不仅如此，还要符合第三个条件，也是最难的一个维度，因为没有什么能判断一个人能不能践行公司的价值观和合伙人精神。最好的办法是进行量化，通过建立制度把这种精神量化出来，可以从在职时间、工作能力、文化践行、工作态度、行为影响和个人意愿六个方面进行具体量化。

（1）在职时间

合伙人必须工作满一年以上，而且在公司的组织架构之内，各个分公司子公司要有一年以上的时间，对于那些没满一年的合伙人，必须由合伙人委员会或公司董事会认定属于特殊贡献人才或未来战略性人才，才能成为合伙人治理的对象。

（2）工作能力

这是衡量合伙人的重要标准，具体表现为工作能力和绩效都达到了良好或以上，是公司的骨干力量，为企业的创建和发展做出了突出贡献的人。

（3）文化践行

认同公司的企业文化，包括使命、愿景、价值观和经营理念，并积极践行合伙人精神。

（4）工作态度

工作行为积极，态度端正，能传播正能量，能成为其他工作人员的楷模。

（5）行为影响

没有严重的违规违纪行为，申请前一年内未受过两次书面警告或一次记过以上的处罚。

（6）个人意愿

自愿填写合伙人申请书，主动加入公司合伙人。

通过以上六个方面，可以对合伙人进行具体的量化，确定合伙人是否符合治理的范围。

在操作合伙人的加入流程时，一定要把企业的合伙蓝图、合伙机制讲清楚，让合伙人看到未来，了解现有的合伙规则，拥有安全感，这样才能吸引员工参与。

同时，合伙人必须强调主动申请加入，如果员工不愿意主动申请就意味着企业治理在某些环节出了问题，思考一下企业的合伙机制、合伙蓝图与合伙文化是否合理，是否动员到位。所以，主动申请也是检验合伙人制度的一个重要手段。

2. 合伙人应有的权利和义务

作为企业的合伙人，拥有合伙人应有的权利和义务。合伙人的权利和义务必须严格执行，成为企业的典范，才能算合格的合伙人。

（1）合伙人的权利

① 对公司运营、合伙人自治情况享有知情权；

② 对合伙人自治享有参与权和建议权；

③ 对合伙人精神与企业文化的践行具有监督权；

④ 对合伙人大会的议题行使表决权；

⑤ 对合伙大会形成的决议具有监督权；

⑥ 对公司治理机制及运行具有提案权；

⑦ 有选举权和被选举权；

⑧ 享有合法合规前提下公司规定的其他权利。

（2）合伙人的义务

在行使合伙人的权利时，应该承担相应的义务。具体来说有以下几点：

① 带头践行合伙人精神、公司价值观和行为准则；

② 在学习工作中，起到模范先锋的作用；

③ 带头遵守公司相关规章制度，并积极配合执行合伙人的自治决议；

④ 维护合伙人团结，带头开展批评与自我批评；

⑤ 以公司发展为己任，积极提出好的发展建议；

⑥ 保守合伙人决议秘密以及公司的商业秘密；

⑦ 承担合法合规前提下公司规定的其他义务。

第四节 无规矩不成方圆，合伙人治理要明确规则

1. 合伙人的选举流程

在员工达到合伙人的标准时，就能申请成为企业的合伙人，但这仅仅只是申请，企业是否批准员工成为合伙人，必须有一个完善的选举流程，通常有几个步骤，从员工写申请，到企业进行考察，到合伙人委员会进行审核，到合伙人大会的表决，到公司的公示，最后进行签约入伙，进行合伙宣誓等环节，这六个步骤就是合伙人的选举流程。

（1）入伙申请

入伙申请通常是填写合伙表格，但是在填写时要认真理解企业的合伙精神、荣誉责任，以及对照企业精神，阐述自己为什么要成为合伙人，保证成为合伙人后积极践行企业精神和企业文化。

（2）入伙考察

填写入伙申请后，就能成为预备合伙人。预备合伙人的考察时间一般是半年，在这半年里，合伙人委员会针对合伙人的具体情况进行综合考察，如果不能通过考察，那么就不能成为合伙人。预备合伙人应该按照合伙人的入选标准与合伙人的行为准则等标准严格要求自己，全面提升自己，争取成为一个合格的合伙人。

（3）合伙人委员会的审核

半年考核期过后，合伙人委员会就会对申请的预备合伙人就考核期内的具体表现进行审核，决定是否纳入公示环节。

（4）召开合伙人表决大会

表决大会由合伙人委员会执行委员召集，参会对象为全体合伙人，对拟

入伙的对象进行投票表决，一人一票。这个模式跟职位无关，跟资历无关，即便是董事长也只有一票的权利，普通的合伙人也是如此，只有一票。获得80%以上同意比例，则为通过。然后上报董事会或股东大会审议通过，即可生效。在投票的过程中，由于每个合伙人只有一票的权利，要达到80%以上的同意率才算通过，这个要求非常严格，意味着整体公司超过80%的股东同意，才能加入股东行列，这要求申请人在工作结果上做出了非常突出的成绩，才能获得大部分股东的认可。

（5）全公司公示

公司对拟合伙对象进行公示，员工可以通过微信、公司公开信箱、面谈等方式进行实名或匿名的反馈，全方面征求意见。合伙人委员会执行委员负责收集汇总员工的反馈意见，并提交到合伙人大会。

（6）签约及入伙宣誓

新加入的合伙人，必须与公司签订股权激励协议以及相关的合伙人协议，并举行入伙宣誓仪式。这种方法就是为了让新合伙人加入进来时，有更强的仪式感和参与感，更加珍惜这个来之不易的机会。

公司的股权激励能激发员工的主观能动性，塑造员工的主人翁精神。员工的主人翁精神并不来自简单的股份，而是全体股东共同的追求，来自参与感与荣誉感。员工成为股东，能够行使股东的权利，本身就是一种肯定。企业同时要配合股权激励，进行合伙人文化打造，塑造企业专业的股东精神，在合伙人层面上执行民主化，在更高的维度上推行扁平化管理，尽可能地发挥每一个人的作用，这种表决机制在很大程度上映射出了企业的合伙文化。

2.合伙人的议事规则

成为合伙人的一员之后，就拥有了股东的权利，可以参加公司的议事会议。事实上企业的议事规则十分重要，因为议事规则能发挥合伙人的作用，拥有"参政理政"的权利。议事规则首先在国家层面表现为治国之道，类似于国家的议会制。在不同的制度下，进行着各种不同的迭代治理，但议事规则都是不可或缺的。从古罗马的公民大会到雅典的民主政治，都存在着公民大会。对于企业而言，也必须拥有这样的会议。

会议由高管组织，每周开一次会议，进行头脑风暴，参与者相互信任，为企业发展提出更好的规划。比如，腾讯的议事规则——马拉松会议，由核心创始人和核心高管之间采取会议的方式，一直开到次日凌晨两三点，重大决策都会在这个会议上商议讨论。其实这就是腾讯的赛马机制，包括马拉松会议在内的一种独特文化，通过这样的会议机制促使组织保持活力。

不同的企业在不同的发展阶段，所强调的议事规则是不同的。比如华为自我批评相关的整风运动，依然在华为核心管理层之中发挥着巨大的作用。在华为的整个体系当中，这种议事规则依旧保持着鲜活的生命力。

尽管每个企业的议事规则不同，但是最出名的是罗伯特议事规则，列出了 12 条基本准则，结合自身企业的特点，这里归纳总结出属于企业的议事规则。

（1）动议中心原则

会议讨论的必须是具体、明确、可操作的行动建议。先动议，后讨论。

（2）主持中立原则

不发表自己的意见，也不能对别人的发言表示倾向。

（3）机会均等原则

先举手者优先，尚未对当前动议发过言者优先。意见相反的双方轮流得到发言机会，以保持平衡。

（4）立场明确原则

发言人应首先表明对当前待决动议的立场是赞成还是反对，然后说明理由。

（5）发言完整原则

不能打断别人的发言。

（6）面对主持原则

发言要面对主持人，参会者之间不得直接辩论。

（7）限时限次原则

每人每次的发言时间和对同一动议的发言次数也有限制。

（8）一时一件原则

发言不得偏离当前待决的问题。只有在一个动议处理完毕后，才能引入或讨论另外一个动议。

（9）遵守裁判原则

主持人应制止违反议事规则的行为，这类行为者应立即受到主持人的裁判。

（10）文明表达原则

不得进行人身攻击，不得质疑他人动机、习惯或偏好，辩论应就事论事，以当前待决问题为中心。

（11）充分辩论原则

表决须在讨论充分展开之后方可进行。

（12）多数裁决原则

动议的通过要求"赞成方"的票数绝对多于"反对方"的票数。

值得注意的是，议事规则的基本精神是权力公正、充分讨论、一事一议的裁决模式，所以合伙人大会必须坚持这个原则。

在传统管理层面上，一直都是上面部署决策、下面落实执行，这种执行是无条件执行，必须以结果为导向。合伙人讲究群策群力，要求大家都能参与进来，因此在进行表决时，现场可能会变得十分混乱。所以在议事规则中，必须拥有执行的效率。要是开三天会也做不出决策，那么就失去了会议的价值，所以要进行共同决议，以保障议事的效率，并迅速落地执行。

除此之外，企业还要打造合伙人治理的方式，合伙人要在思想上有所准备。

会议通常为每季度举行一次。当然，不同的企业因为不同的业务属性、管理模式等会有不同的时间安排，具体要根据企业的性质来决定。

会议可分为两个阶段进行。第一个阶段按层级合伙人召开，比如高层合伙人是第一组，中层合伙人是第二组，基层员工组成的合伙人是第三组。会议根据合伙人的实际工作岗位的成绩进行，在层级内展开批评和自我批评。这个阶段的会议有其局限性，因为这不是管理经营会，而是合伙人会议，每个合伙人都是平等的，甚至涉及企业的整体运营。所以第二个阶段的会议要随机进行，根据抽签结果来划分小组。这时会议的内容主要讨论整个合伙人体系中的问题，以方便合伙人之间通过不同的层级、不同的视角更全面地看待公司的问题挑战和发展方向。

3. 合伙人的退出机制

既然员工能够加入到合伙人体系之中，自然也应该有相应的退出机制。关于合伙人的退出机制要根据不同的情况来进行。

（1）合伙人考核相关的退出

比如合伙人每年都会有复盘和考核，如果有超过 2/3 的合伙人认为该合伙人不符合合伙人精神，就可以召开合伙人会议。如果表决会议上大家认为合适，那么可以留下，如果认为不合适，那么只能退出。

（2）工作没有做好，绩效没有完成，达不到合伙人的标准

这种退出与企业的考核机制有关。中力的合伙人拥有两条考核线，一条叫政委考核，主要针对合伙人的精神；另一条线是工作绩效方面的考核，这个属于公司的正常考核，如果考核没有通过，就应该退出合伙人队伍。

（3）合伙人主动辞职

合伙人离职之后，必须将拥有的股权交出来，不可由合伙人带走。

辞职是正常的人才流动，但是每一个合伙人的离开对公司来说都是一种警示，迫使公司制度进行迭代。因为当股权都没有办法留下员工时，这意味着公司的发展前景存在着一定的问题。如果说合伙蓝图是吸引员工加入合伙人的重要因素，那么看不到合伙蓝图可能实现的前提下，员工会产生怀疑心

理。对员工来说，更重要的是实实在在的奖励，股权是属于未来的，在约定的时间如果无法实现，那么意味着公司本身并不存在价值。这是因为企业自身没有让员工产生足够的信任，不值得他把这份工作当成事业去做。所以当合伙人主动辞职时，管理层不能怨恨，应该进一步反思自己。

通常企业的合伙人分为两种，一种是不需要别人去影响，他本身就具备内在的驱动力，这种驱动力是自发性的，能看到公司的团队，有自己的判断能力，知道自己要加入这样的团队，把工作当作一份事业去追随。还有一种是需要别人的影响，如果没有人引导，他仍然在自己的小世界里，看不到更高的层次。所以要辩证地看待问题，不管是哪一种情况，对于合伙人的主动离开，要怀着感恩的心去看待，反思自己，进行管理迭代。

（4）病退或正常退休

合伙人因病无法继续参加工作，或者达到法定退休年龄等，这种情况属于正常退出。

（5）电网退出，即合伙人触碰了公司的底线

电网退出往往关系到合伙人的道德品质和职业操守，必须进行一定的惩戒。在不同的公司，拥有不同的电网退出机制，有的公司不愿意展示出来，但是有的公司会公开进行展示。比如中力的电网退出机制，因为行业的关系制定得非常细致。有些东西在事发之前，做得越细致越好，把想得到的事情都列进去，让每一个合伙人知道有些事情是不能做的，一旦做了就没有回头路可走。

对于正常退出的合伙人，如果再次符合合伙人的标准，依然可以申请加入合伙人机制。但是如果因为触碰电网退出的合伙人，将不再拥有申请的机会。对于业绩考核不合格退出的合伙人，可以拥有重新申请的权利。

【经典案例】百年李锦记家族的传承"秘籍":心一致,思一致,行一致

经济的发展总是交替变更的。回看改革开放的 40 余年,商业的风云变幻,从世界 500 强的企业更替里就可见一斑。据商务部"中华老字号信息管理"统计,截至 2017 年 12 月,现存的 1128 家中华老字号中,仅 10% 蓬勃发展,90% 生存困难(近 50% 持续亏损,40% 勉强盈亏平衡)。放眼全球,也只有 13% 的家族企业能够传至第三代。

"道德传家,十代以上;耕读传家次之;诗书传家又次之;富贵传家,不过三代。"传承到了第五代的李锦记,已经打破了"富不过三"的桎梏。从 1888 年开始,以一瓶蚝油起家,横跨三个世界,历经四代传承,百名家族成员携手走过了清末革命、解放战争、改革开放、金融风暴,成功迎接全球一体化的新挑战,成为现今很多家庭一日三餐中不可或缺的一部分。在发展过程中,它也遇到过荆棘曲折,中间也亲历了复杂矛盾和家族纷争,甚至让李锦记也一度停滞不前,亲情间的影响和牵绊,远比普通商业中的经营管理更复杂。

一、两代传承,三次纷争,换来兄弟间的分崩离析

1922 年,李锦记创始人李锦裳在临走之前,将经珠海创办到辗转澳门发展的家业平分给了三位儿子,分别是长子李兆荣、次子李兆登和三子李兆南,其中主要由次子和三子接手经营。经过了十余年的顺利发展,兄弟对公司的未来开始期望不一。其中,大哥李兆荣、二哥李兆登觉得继承的产业已经发展得不错,足以"安于现状",但三弟李兆南却希望能做进一步的扩张。在分歧之下,两位哥哥甚至一度想一起买下三弟的股份。还好,这次的分歧以弟弟的诚意说服得以平息,并于 1932 年搬迁到香港谋求更大发展。

到 20 世纪 40 年代,第三代开始逐步接班,之前的兄弟分歧埋下的种子,在堂兄弟间愈演愈烈。彼时公司的产品只有"蚝油"和"虾酱"两种畅销品,针对的市场主要是高端人群,普通人群难以企及,

公司也一直维持作坊式的经营方式，员工不过 20 余人。此时，回到家族的三弟长子李文达嗅到了新商机，希望能在大众市场中抢占机遇，但几位堂兄弟却与他意见相左。经过了 10 多年的争执，最终在 1972 年，李文达的堂兄弟们决定退股移民。李文达和弟弟李文乐在父亲支持下以 460 万港币的巨款以分期付款的方式收购其股份，开启了李锦记的"熊猫牌"平价蚝油的市场发展之路。兄弟俩坚持贯彻"平民化"的改革路线，致力于改进生产工艺，降低生产成本，使得富贵人家才有能力支付的蚝油很快进入了千家万户，立足香港，拓展至欧美、东南亚等地，开启了李锦记的国际化路线。

本以为可以"兄弟齐心，其利断金"，可惜好景不长。步入 80 年代后，随着国内改革开放政策的提出，李文达希望能进一步拓展内地市场，这一次，遭到了弟弟李文乐的反对。1984 年，当时疾病缠身的李文乐提出退休，并要求清算股权。一边是面对公司开拓市场、扩建厂房的数千万资金缺口，一边是弟弟弟媳的高价回购要求。李文达一时间陷入了两难境地，甚至双方为此对簿公堂，李锦记还一度被法院责令停业半年。最终，兄弟俩于 1986 年选择庭外和解，李文达在内忧外患中，用 8000 万港币代价收购弟弟股份，带着负债的公司"重新创业"。李文达曾在公开演讲时表示："在我的经验当中，家族要为内部的纷争付出沉重的代价。我的弟弟因为家族业务与我意见分歧，以致不与我往来，我至今十分痛心难过。"亲历两次兄弟间的股权纷争后，因为有过失去，李文达对家庭的和睦更觉弥足珍贵。

二、面对第四代的继任，不想再"重蹈覆辙"，需重新建立新的家族规则

转眼到了 2000 年，李锦记在李文达的带领下取得了规模化、多样化的发展，市场占有率不断增加，同时还迎来如中医药保健、地产等新产业的发展空间。就在此时，他的四子李惠森也提出了 "自立门户"

的想法，希望有属于自己的新天地。但在经历了家族三次纷争之后，李文达将家族和睦视为兴亡之本，不想再次看到"分家"。如果没有"家和"的根基，事业的兴旺也只是短时辉煌。

为了避免李锦记再次遭遇分家、夺权等危机，失去后的珍惜让李文达更看重"家和"的根基，决心以家族为企业之本，将"家和万事兴"奉为圭臬。之前家族兄弟的几次纷争，均是因为家族成员对公司未来发展的不同理解。李文达思考是否可以通过建立规则、优化沟通等方式，强化家族共识、促进家族和谐呢？在家族痛定思痛下，通过借鉴海内外优秀企业的治家之道和经营之道，2002年，李锦记制定了"家族宪法"，设定了"家族委员会"，将公司管理和控制牢牢把握在家族手中。通过系统的家族治理，明确了家族的最高权力机构和轮换机制，通过内部形成了良好沟通平台，秉承李锦记六大核心价值——"务实、诚信、永远创业精神、思利及人、造福社会和共享成果"，开启了家族经营的新篇章，产品屡获殊荣，成为众多家族企业争相学习的"楷模榜样"。

三、家族治理下的"新模式与新组织"，有规则，更有感情

1. 有组织

李锦记成立了家族委员会作为家族最高决策机构，其成员由最能代表家族利益的核心成员组成——即"血亲"，包括李文达夫妇及他们的五个子女。委员会下设有家族办公室、家族投资公司、家族基金、家族学习发展等，各个成员各司其职，规划家族建设、齐家修身、化解矛盾，包括制定家族宪法、树立家族价值观、培养下一代……均需在家族委员会上平等地参与讨论、决策。通过治理措施防止家族内部腐化和矛盾加剧，保持持久的奋斗力。而企业的经营和管理，则不是家族委员会关注的内容。

除此之外，家族组织中还设有"家庭议会"，包含其所有家族成员，定期召开议会和了解家族事务等；并建立了"超级妈妈小组"，以更

好地发扬家族教育与理念，助力家族培养优秀的接班人和下一代。

2. 有纪律

作为全体家族成员的定期交流平台，家族委员会每 3 个月开一次会，每次会议持续 4 天，家族成员必须赶到一起开会，不可缺席。会议首日，每人介绍自己，包括自己的孩子和家庭情况；第二日、第三日，讨论各项家族建设的议题；到了第四日，所有的配偶被邀请参加会议，向他们通报前几天会议通过的内容，做到"心一致，行动一致"。

对于"家族宪法"的修改和决议执行，也有明确的说明：对于一般家族事务的决议，超过 50% 通过即可；但"宪法"内容的制定和修改，须经家族委员会 75% 以上通过。另外，家族委员会负责挑选和委任董事会成员，通过董事会主席的任命及挑选，委任家族委员会下属各机构的负责人，任期两年，可以连选连任。

3. 有坚守

除了秉承集团六大核心价值观的强化之外，李锦记重视家庭的和睦，在家族治理中明确要求"不要晚婚，不准离婚，不允许有婚外情，如果有人离婚或有婚外情，必须自动退出公司董事会"。其中，如果有人因个人原因退出董事会或公司，股份可卖给公司，但仍是家族议会成员。

同时，家族成员要想进入家族企业，面对的要求比外部应聘更高：第一，至少要大学毕业，之后须在外部公司工作 3~5 年。第二，应聘程序和入职后的考核必须和非家族成员相同，且必须从基层做起。如果无法胜任工作，可以给一次机会；若仍然没有起色，一样会被解雇。第三，若下一代在外打拼有所成就，公司需要时可聘回……

4. 有温情

李锦记家族委员会组织会议的一个标准是"要爽、要好玩"，要让家族成员处在与董事会完全不同的轻松的家族氛围中。在会议开始前，都会先了解各个成员的当期"爽指数"——"今天你爽吗？""1到10分，你的爽指数是几分？"以此了解不同成员间的状态变化和相关原因，赋予成员相互之间更多的了解和关心。每次亲人相聚，只谈家族理念、发展和个人感受等，在一种欢乐、轻松的氛围中进行。

此外，李锦记家族每年还都安排家族旅游，第三代到第五代家族成员全部参加。让家族几代人一同分享和交流经验，升华感情。让父母与子女、兄弟之间可以互相加深了解和信任，也能让第五代了解家族使命、熟悉家族生意，无形中产生的凝聚力也对第五代人起到了潜移默化的作用。通过这种形式不断强化家族的意识，懂得"我们＞我"和"家族＞家庭"。

如今，第五代人已经开始陆续参与到集团经营之中。家族成员也曾表示，其实第五代人中不少对接管公司没有多大兴趣，他们更喜欢选择自己的工作和生活方式。李文达在世的时候曾说过，无论孩子们今后从事什么职业，是否经商、所做的事与家族业务有没有关系，继承了这样的家族精神，他们就能成器，能够在自己喜爱的事业上做出成绩。李惠中（李文达三子）也曾在采访中提到："'家族永续'的重要性远远大于'企业永续'，别的家族企业把核心放在'企业永续'上，而我们则把核心放在'家族永续'上。如果以生意为核心，一旦家族出现问题，生意也会跟着受挫。李锦记始终以家族为核心，只把生意看成家族的一部分，如果家族不和睦，事业就会散掉。"

李锦记的家族治理手段虽然不能带动内部的管理，不能制定企业发展的策略，不能给每个业务板块带来良好的战略规划和组织管理，但是通过家族的内部管理在更高的层面上锁定了价值传承与人才培养的问题。在李锦记家族企业当中，每个家族成员就是一个合伙人，如果不同意家族的文化理念和精神价值，那么这个成员就没有资格成为继承者，以此形成一种统一，保证每一个家族成员都拥有相同的价值观念。通过有效的治理方式，保持家族内部良好的沟通，形成了良好的传承，将最好的方面传承下去。

　　优秀的家族，不只注重血缘和财富的传承，更重视家族文化和精神传承。在这个过程中，李锦记将现代公司的治理、家族的传承以及内部合伙人机制实现了一个完美的结合。正因如此，李锦记能够长期保持稳定的发展力，完成了从家族企业到企业家族的转变。李锦记正是通过秉持家族的治理之道，实现了家族企业的长治久安。通过不断进行组织内部文化建设的治理手段，家族内部不再是简单的继承和财富分配，更是一种与时俱进的组织迭代。

第三章
合伙人精神：企业精神的践行和成长，合伙人共有行为准则

第一节　合伙人精神是企业文化的重要组成

1. 公司文化体系的层级

很多企业都会犯这样的错误，即只拥有一套企业文化理论，所有的员工都遵守这个理论。人也是有阶层的，每个阶层的人因为成长历程不同，底蕴深沉不同，文化思维不一样。如果用同一套理论去统一，只会让公司内部产生分裂。企业文化想要落地，一定要进行分层。

公司的文化体系应该拥有以下几个层级：

（1）基本准则

即所有员工都要遵守的准则。很多企业都有自己的员工手册，里面有公司的管理机制，这个手册是上到董事长、下到每一个员工都要共同遵守的准则。

（2）职业素养

现在有一些员工不愿意成为公司的股东，他们只是关注于本职工作或分内之事，但这类员工要沉淀下来，必须用过渡性的思维去考虑企业文化的建

设，这个方法就是职业素养。还有一部分人愿意成为企业的合伙人，他们拥有高素质的职业素养，可能转化为公司的合伙人，所以要将两者结合起来，打造独特的文化特征。

（3）合伙人精神

合伙人精神是用来约束公司的核心团队，针对那些参与公司治理的合伙人所打造的一种企业文化。合伙人精神属于企业文化建设的范畴，只不过它主要针对合伙人，而不是针对公司其他员工的一种准则。

不管是哪一个层级的文化都应该围绕公司的核心理念来建设，就是公司的使命、愿景和价值观，公司的核心思想是公司发展的根本。如果企业文化脱离了这个根本，或是与这个根本背道而驰，那么企业的文化建设就是失败的。因为这些文化特征最终要转变成某种行为准则，形成潜移默化的企业氛围，变成一种行为习惯，形成独特的文化体系。

2. 什么是合伙人精神

合伙人精神就是合伙成员都认同且共同遵守的一种集体意识，是这个特殊群体区别于其他群体而具有的共同特征，属于独特的个体素质、价值取向以及思维模式的抽象表达。合伙人精神具有认同、遵守、共同、独特四大特征。

合伙人精神的发生来自早期创业者的哲学理念，最后发展成为一种共同认知的精神，将合伙人团结起来，形成强大的企业发展力量。

合伙人精神在企业发展中起着十分重要的作用。第一是提醒，第二是引导，第三是激励，第四是规范，第五是提升。通过合伙人精神，能不断提醒合伙人领导者，对合伙人的行为准则进行约束，激发合伙人的积极性，不断提升合伙人综合素质。它不是某一个人的，也不是某一类人的，而是一种共有的集体意识。

3. 合伙人精神是企业家精神的延伸与拓展

合伙人精神在整个合伙人文化体系中占有非常重要的位置。因为合伙人精神是针对企业合伙的一种管理和约束方式，使合伙人始终保持着前进的动力。在企业发展的过程中，必然面对许多挑战。只有合伙人保持着同一种信念，才能创造出无限的可能。合伙人精神是企业文化中最重要的存在，在整个企业文化体系中，合伙人精神代表着企业的整体形象，是企业立足于行业的根本。所以企业必须将合伙人精神放在重要的位置，并且通过制定相关制度来进行监督。

其实在企业发展的过程中，合伙人的起心动念非常重要。所谓起心动念就是任何事情有了想法之后，才会动手去做，合伙人必须将合伙人精神放在十分重要的位置，才能成为日常工作中的行为指导。伴随着企业发展的过程，组织文化实际上是从小集体文化向管理文化和企业文化过渡的过程，到最后企业经过不断地迭代，不断地自我进化，形成企业独有的文化特征。

在企业文化演化的过程中，在早期阶段的小集体文化下，合伙人精神只是处于萌芽期，这时所有的合伙人保持着自己的初心，秉承着创业所固有的执着和信念不断地前进。等企业发展到中期时，企业家的思维不断完善、不断成熟，合伙人越来越多，合伙人精神在文化中占有比重越来越大，必须对其进行管理和约束。到了成熟期，合伙人精神就随着企业文化的发展慢慢成熟和丰满起来，形成企业文化的核心诉求。

所谓创业 DNA，实际上就是把企业动态的东西通过企业文化与合伙人精神的发展固化下来，成为创业者身上所特有的一种文化特征。在这个过程中，不断地固化企业家所发现的东西，而且这个东西可以经过迭代和优化，是可以发展起来的。

所以，我们可以看到合伙人精神非常注重与企业家精神的结合，其实从某种程度上来看，合伙人精神就是企业家精神的一种延伸与拓展。

因为企业家精神不属于个人，企业也不是一个人能创造出来的。企业家精神属于企业家和企业的高管团队，属于整个公司，属于企业上上下下的每一个员工。它不是企业家的精神，而是企业所共有的一种精神体系。每个员工都能拥有企业家精神，而且必须具备企业家精神，从团队到老板，再到公司的所有员工都要有这样一种精神。

企业家精神强调的是一种创新精神，一种冒险精神，一种契约精神，一种合作分享精神等。所以，企业家精神是创新、分享、情怀。如果说潜在的创新是通过成绩来认定的，那么这就是一种挑战不确定性的勇气，挑战更优秀的自己，这样才能快速成长起来。在挑战过程中，通过分享财富、分享价值观、分享正能量，与整个社会和合伙作伴，甚至是企业内部的员工分享自己的喜悦和感受。而情怀是一种看不见的东西，它意味着一种理想和追求，或是某种产业上的渴望，或者带领更多的人创造更多的价值。现在很多企业家创业不仅仅只是为了利润、为了生存，而是一种精神上的追求。在新时代，创新、分享、情怀应该作为企业家精神，成为企业家在创业过程中的一种特征，必须坚持下去。

实际上，企业家不是简单的职业经理人，而是冒险事业的经营者和组织者。所以，企业家必须践行自己的理念，不管是去组织、去创新，还是去分享，都需要一个团队来执行，这个团队就是合伙人，最核心的就是合伙人团队。所以企业家精神是通过合伙人团队来成长的。于是，合伙人精神就成了企业家精神的一种践行和成长。

第二节 合伙人精神落地的行动指南

1. 建设合伙人精神的关键时期

　　企业在建设合伙人机制的过程中，一定要建立属于合伙人特有的精神。什么时候才是打造企业合伙人精神的关键时期呢？通常，当企业处于一个特殊的时期，就是打造企业合伙人精神的契机。因为如果合伙人不能团结起来，那么企业很可能在这个特殊时期遇到重大的变故。而合伙人精神能将所有的合伙人团结在同一阵线上，保持积极的心态，共同渡过企业的难关。

　　以下八个时期是打造合伙人精神的最佳时期：

　　（1）在合伙企业刚刚成立时；

　　（2）企业业务发生裂变，快速成长；

　　（3）企业外部环境发生重大变化；

　　（4）公司进行股权改革；

　　（5）公司要寻找新的合伙人；

　　（6）公司要上市或引入资本；

　　（7）公司发展遇到瓶颈；

　　（8）行业处于衰退期。

　　以上八个时期是企业打造合伙人精神的关键时期。每一个时期对企业都是一个重大的考验，只有通过合伙人精神的约束才能实现企业合伙人的团结，只有团结，才能保持持久的创造力。所以，每一家企业都要打造属于企业所特有的合伙人精神，它关乎企业未来的成长。因为没有合伙人精神的约束，合伙人内部就不会形成统一的思想，不会站在同一战线上，一遇到困难就会各奔东西，不利于企业的发展和成长。

很多企业早期在建设企业文化时，都会以领导人的个性作为标准来规范行为准则，所以老板的文化就是企业的文化。但是企业是不断向前发展的，当企业发展到一定的规模，老板的文化如果还等同于企业的文化，那么企业的发展肯定会受到限制、遇到瓶颈。因为不可能所有员工都按照老板的精神去办事情，而且员工不认同的事情做起来会非常累。

当公司处于某一个特定时期时，必须拥有自己的文化属性，必须依靠合伙人精神来聚拢其他合伙人。所以，老板要站在更高更远的层面去考虑企业文化建设的问题。随着企业的合伙人越来越多，必须将企业文化变成大家所共有的文化特征，将共同追求的东西提炼出来，形成核心价值体系。

在某种程度上，合伙人精神的建设是针对企业的核心领导者。打造出共同执行、共同创业的初心，打造定然有一个过程，先是合伙人的个人文化，然后再到合伙人的集体认知，再变成合伙人的共同理念。这对企业家打造创业团队，打造整个企业文化来说，都是一种考验，而且是必须经历的一种考验。不管是企业家，还是企业高管团队，都要拥有这样一种精神，要有能力去打造这样的东西，形成强大的凝聚力。

不仅如此，合伙人精神必须拥有迭代的能力。因为企业是不断向前发展的，合伙人精神符合当下企业的情况，不一定符合将来的企业状况。所以到了某一个阶段时，要进行升华，否则它就可能走向衰落。而且合伙人精神也要基于时代的发展特性，具有时代性，在发展和传承中不断地迭代，符合当下，与时俱进，为企业发展做指引。

2. 提炼合伙人精神的四个方法

合伙人精神是企业合伙人所固有的一种文化特征，不同的企业对合伙人精神的要求不同，比如中力合伙人精神的主要是荣誉、责任、先锋、同心。必须将这些核心的要素提炼出来，从而反映出企业合伙人所共同认定的深层次的东西。合伙人精神的提炼方法有很多种，一般来说，可以通过以下四个方法：

（1）互动提炼法

互动提炼法就是针对合伙人精神进行全体合伙人征集，充分发挥集体的力量和智慧，而且要从上到下、从下到上，反复酝酿，反复互动，并不断地从互动讨论中提炼和充实合伙人精神。这种提炼方法就是充分利用不同合伙人的文化特征，将每个合伙人所渴望的精神集中起来、反复碰撞得出来的。这样提炼出来的合伙人精神必然是基于每一个合伙人特征的精神体系，更容易被合伙人所接受。

（2）目标论证法

目标论证法是根据企业敌情、行情和我情进行目标论证，然后对目标进行归纳提炼，得出符合企业特征的合伙人精神。其中敌情指的是主要竞争对手的情况，行情指的是行业目前的发展情况，我情是企业长期战略发展目标。这种方法将企业置身行业之中，并根据企业现阶段的发展状况进行归纳和提炼，所得出来的合伙人精神必然符合企业的发展规律，是企业所特有的精神文化。

（3）畅想法

畅想法即头脑风暴。就是秉承企业的初心，从自身的愿望和理想出发，大胆地去实践，对企业的未来做出理想的规划，并描绘出远大的发展蓝图。在此基础上，结合每一个合伙人的头脑风暴，选择出最符合企业特征的合伙人精神。

（4）标杆法

标杆法是以同行中的成功企业为标杆，建立自己的合伙人精神要领。对标学习的方法最直接，因为可以知得失、知优劣，可以根据实际情况进行相应的调整，最大限度满足企业的文化需求。

无论是哪一种方法，企业合伙人精神的提炼都是企业合伙人一起讨论的过程，是一个对合伙人精神不断加深理解、不断进行认知统一的过程。每个企业的合伙人精神都是不一样的，必须根据企业的特征进行准确地提炼。

合伙人精神提炼出来后，要有准确的规定。比如企业 SHJC（其合伙人精神是坚持、责任、包容、奉献、同心），坚持的是什么？以什么行为来指引？总的纲领是什么？必须拥有一套完善的合伙人精神体系。中力的荣誉就是身为合伙人的一种荣耀，一种身份的象征，同时这也是一种责任，必须具备担当意识，更加要发挥先锋模范带头的作用，代表着合伙人的先进性，拥有同心同德的行为模式。

企业在提炼合伙人精神时，一定要明白企业建设合伙人机制的动机与分工，必须从原则上分清楚。可能每一个合伙人的动机都不相同，但是必须对合伙人精神共同认同、共同遵守、共同执行，规范自己的行为，才能让合伙人精神显得有所意义。所以合伙人精神一定是合伙人一起制定、一起执行、一起监督，最终形成一种自治。

在《淮南子》中有一句话，叫"千人同心则得千人力，万人异心则无一人之用"。所谓千人同心，就是将整体团队的力量和智慧都运用起来了，自然能得到千人的力量。万人不同心，力量不能往一处使，最后连一个人的优势都没有了。这句话应用在合伙人身上再贴切不过。

第三节 中力合伙人纲领：合伙人精神行为准则

在中力内部，经常进行合伙人精神价值观落地研讨。通过与合伙人研讨文化落地的方式，在不同的维度，即公司层面、部门层面、个人层面进行全面落地，转化为实际行动。合伙人精神也是如此，首先要弄清楚意识形态，然后转变成一种行动，再由行动养成日常习惯，最后变成企业文化属性的一部分。任何东西都不是形式上的存在，必须在下面拥有根基。

在中力合伙人精神中，荣誉和责任是一种态度，先锋是行动的表现，同心则是一种合作做事的作风，以及人生的一种追求、一种境界。不仅如此，要细化到每一个荣誉、每一个责任、每一个先锋、每一个同心，进行准确的释义，这种释义在某种层面上就是权威性的解读，包含了每个合伙人共同认可的文化属性，具体如下：

1. 中力合伙人精神"荣誉"释义

中力合伙人高度认同中力的企业文化和奋斗蓝图，将能成为中力合伙人中的一员视为极大的荣誉，并且十分珍惜。

（1）积极争取荣誉

未成为合伙人时，主动向合伙人的标准靠拢，为达到合伙人的标准而努力改善提升自己。

（2）维护个体荣誉

成为合伙人后，时刻牢记自己合伙人的身份。日常工作严格按照合伙人的精神和行为准则要求自己，并经常反省，对不符合行为引起警醒并及时纠正，以自己的工作表现为中力合伙人的形象和声誉添光加彩。

（3）维护集体荣誉

对其他合伙人的不符合行为主动提示指正，积极维护中力合伙人的整体形象声誉；对尚未成为合伙人的员工，主动帮助、影响他们，促进他们成为中力合伙人，壮大中力合伙人团队。

2. 中力合伙人精神"责任"释义

中力合伙人的责任感就是站在中力公司全局的高度，以企业发展为目标，竭尽全力地做好岗位职责工作和股东职责的工作。这是一种发自内心深处的主人翁意识。

（1）岗位责任

全力以赴，把自己的职责做好，做到位，这是合伙人的责任底线。

（2）股东责任

公司的利益、公司的发展、公司的荣誉、公司的未来等，合伙人有责任主动积极地去关心、去支持、去维护、去思考，为此竭力奉献自己的力量和智慧，这是合伙人与一般员工的责任差异。

3. 中力合伙人精神"先锋"释义

中力合伙人要学习革命年代的共产党员，在各方面发挥先锋模范带头的作用，成为员工学习的榜样，成为各个领域的标杆和旗帜，这种先锋带头行为是发自内心的自我驱动，不是做给别人看的。

（1）工作先锋

合伙人在工作上要比别的员工做得更好、更积极、更主动，要更有勤奋的意识、行动和结果。

（2）文化先锋

合伙人对企业文化的理解、践行要更彻底到位，能为他人做出榜样。要有吃苦在前、享受在后、不计较眼前得失、勇于奉献的境界，要有主动担当、勇挑重担的勇气。

（3）信念先锋

合伙人要在面对困难和逆境时，对中力的核心理念和商业方向有坚定的信念，并影响感染他人。

4. 中力合伙人精神"同心"释义

中力合伙人之间要价值观一致、理念一致、彼此信任、互助支持、同心协力、共同奋斗。

（1）理念一致

对公司价值观、经营理念、发展方向的认同和践行，是成为合伙人的基础。

（2）行动一致

对于公司的各项经营管理决策、管理机制等，讨论时充分体现民主，各抒己见，决议后必须一个声音，一致行动。有了成就，大家共同引以为荣，有了困难，大家合伙全力解决。

（3）肝胆相照

工作上主动协作，齐心协力完成公司的各项任务和经营目标；思想上坦诚交流，有不同的观点应当面沟通，不要在背后议论。合伙人彼此间要相互帮助，互相促进，尽量不要让合伙人中途掉队。受到委屈和误解时，不消极，不抱怨，以公司的利益为先，相信金子总会发光。全体合伙人同甘共苦，携手进步，结成事业、命运的共同体。

以上就是中力合伙人精神的释义，通过不断宣导、不断强化，将这些理念落实到实际的工作当中，形成一种企业文化，并以此来指导和规范每个合伙人的行为。

5. 符合中力合伙人精神的行为

有了合伙人精神的释义，需要通过这个释义去指导行为，每个行为都需要进行指引，在落实的过程中，不断进行迭代和提升。

在指引上，一是根据合伙人的释义如何规范和约束自己的行为，如何去践行合伙人精神，这是员工能做的事。二是哪些事是员工不能做的，这能在很大程度上指导员工的行为。合伙人的精神行为有哪些，不符合合伙人精神的行为有哪些，哪些是能做的，哪些是不能做的，一定要规定清楚。

（1）符合中力合伙人精神"荣誉"的行为

① 积极践行合伙人价值观和捍卫公司荣誉，处处维护公司声誉，绝不做出违背公司价值观和荣誉的事情；

② 积极认真服务客户，以帮助客户解决问题为己任，为客户创造更大价值的同时，提高中力在客户企业的品牌认知度和知名度；

③ 利用各种机会，主动对外宣传公司的产品、品牌和文化理念，积极扩大公司的外部影响力；

④ 在公司内部用行动起到模范带头的作用，事事冲在前头，不仅身体力行，而且主动影响带领其他员工，打造公司正能量；

⑤ 获得各级政府或专业荣誉，给公司带来积极正面影响；

⑥ 公司公开的各项新闻、课程信息、专业文章、营销软文等资讯，积极在朋友圈分享传播；

⑦ 在公众场合有顾全大局的口碑宣传，为中力赢得赞许和良好的口碑；

⑧ 因为卓越的工作表现和价值输入，为中力赢得良好声誉；

⑨ 被外界社会表彰、赞誉，为公司争光。

（2）符合中力合伙人精神"责任"的行为

① 不仅主动完成自己分内的工作，对非自己分内的工作，只要对公司有益，也能主动承担，为上级分忧，为公司解难，拥有大局观；

② 自己的事情用心完成，做好每一个细节，工作从来不出错；

③ 工作认真负责，取得客户和同事的一致好评；

④ 出现问题后，勇于承担责任；

⑤ 当有临时性工作需要人员支援时，主动参与，敢于担当；

⑥ 当公司遇到困难时，和公司共同面对，积极寻找解决方法；

⑦ 当同事工作繁重时，主动帮助，分担力所能及的工作内容；

⑧ 时刻为公司着想，节约各项成本，不铺张浪费；

⑨ 为公司积极举荐优秀人才。

（3）符合中力合伙人精神"先锋"的行为

① 主动承担有挑战或难度的攻坚任务；

② 积极主动地参与公司的各项重要活动，并助推活动的顺利开展和效果达成；

③ 以身作则，坚决遵守并带头执行公司的各项规章制度；

④ 在工作中，吃苦在前，享受在后，不计较个人得失，有自我牺牲的贡献精神，始终以公司的利益为重，有强烈的大局观；

⑤ 始终保持强烈的创业拼搏精神，为了公司利益，能够正视"牺牲个人更多的时间投入工作中"的工作作风；

⑥ 对布置的工作，视"提前完成、超额完成、高质量地完成"为理所应当并践行；

⑦ 对企业文化的理解到位，并模范执行；对他人的错误言行，能主动纠正，并指导他人正确理解与执行；

⑧ 遇到工作中的困难，或企业经营遇到挫折时，有坚定的必胜信念，并疏导他人负面情绪、感染他人坚定信念。

（4）符合中力合伙人精神"同心"的行为

① 高度认同公司的使命、愿景、价值观、经营理念、合伙人精神等企业文化并积极践行；

② 对公司的各项经营决策，正确理解并坚定执行；

③ 在各项会议中，讨论时充分发表意见，决议后立即统一思想、统一行动；

④ 在工作中，对上级、对同事有意见，应当面坦诚交流，不在背后乱议论；

⑤ 在对外谈判、洽谈情况下，团队内部人员观点一致；

⑥ 不做任何有损内部团结的言行，对他人有损内部团结的言行能主动指正；

⑦ 工作中受到委屈或被他人误解，一方面能积极沟通，另一方面在误解暂时未消除时，不抱怨、不消极，坚信是金子总会发光。

另外，还有不符合中力合伙人行为的一些准则，同样分为荣誉、责任、先锋和同心，每个层面上都有着严格的要求和规定。中力将合伙人的释义、行为指引，包括符合与否的行为做成了一份纲领性的合伙人文件，叫作中力合伙人纲领。通过这个纲领来指导和规范合伙人的行为。

打造这种纲领非常重要。华为有基本法，阿里巴巴有合伙人制度，合伙人的行为必须用纲领性的文件来进行阐释，使合伙人精神更加明确、细致。合伙人要践行什么样的合伙人精神，哪些是符合的，哪些是不符合的，都应该有着详细的规定。当合伙人做出超格的举动后，可以通过纲领来进行纠正。所以，每个企业都应该打造这样的合伙人精神纲领，以此对合伙人进行行为指导。

6. 中力合伙人精神的自我检查与考核评估

有了合伙人纲领的约束，合伙人在精神和行为方面都有了明确的指引。为了保证合伙人精神切切实实地执行下去，中力采用了两种方式。一种是成立合伙人委员会进行考核，合伙人委员会会对公司的每一个合伙人进行定期或不定期的考核；另一种是合伙人的自我检查和考核评估。合伙人委员会的考察评估是公司层面的考核，落实到合伙人个人时，必须从个人层面进行自我检查的考核评估。比如这段时间在哪些方面感觉怎么样，有哪些行为没有做到位，还需要在哪些方面进行改进。

值得注意的是，合伙人自我评估报告不能像任务似的随便填写，也不能写一些自己没有做过的事。因为这个评估不是做给上级看的，而是给合伙人委员会看的。合伙人委员会同样会对合伙人进行考核，在这个维度上每个合伙人应该真实地面对自己。如果发现自己在哪些方面做得不足，主动改正即可。自我检查与考核评估其实就是让员工与自己进行一次深层次的对话，通过这种对话能提高人的精神境界，也能锻炼员工的自我责任和自我管理意识。

在行为层面的习惯需要不断地强化和验证，通过公司合伙人委员会的检查与自己的核查，能形成验证与强化的作用，是从认知到行为的一种强化。公司推出的每个制度都需要每一个员工共同推动，才能落实下来。所以这种检查与督导在合伙人精神的建设中非常必要，能让合伙人精神真正贯彻下去，成为一种文化信念。

第四篇

▼

数字时代的合伙之道

在过去，500强的企业扩张，通常靠的是买买买的方式，靠的是资产，靠的是规模取胜。而现在除了极少数资源型的企业之外，很多企业再也不会这么做了，因为这种模式受到很多挑战。利润增长的方式不再和规模成正比了。现在，很多企业扩张通过整合产业链上下游各种资源，做成产业互联网平台，做成了产业生态，产业共同体，集产业链资源做大规模，不再受限于区域或产品。

具备一定体量的企业，在企业发展遇到瓶颈时，借助数字化的能力，借助科技平台的能力，就可以做产业生态，做产业平台了，实现企业的数字化、平台化转型。现在国家层面也一直强调，国有大企业要率先完成数字化转型，然后把数字化转型的能力赋能给中小企业，建立产业生态，要做产业链的链主。同时，在产业平台打造过程中，政府很愿意去做产业链的链长，帮助当地特色产业集群做大做强。在此基础上，供应链、产业链、价值链重构，产业链得到了优化。

在数字经济时代，国家也尤其倡导各地大力发展数字经济，并将数字经济指标纳入"十四五"规划。今天这个时代，如果企业家还想不明白为什么搞双链制？为什么市委书记兼链长，市长兼链长，为什么现在城市的招商都按产业链来招商，为什么我们要大力扶持链主企业？为什么政府要扶持链主企业建产业平台，给中小企业赋能？那这样的企业注定只能做产业里的民工，受产业链的剥削。

国内外的大企业都在这么做，都在做产业整合，都在做生态的布局，这不是简单的资产的流动，而是真正的用数字化手段去提升产业链的效能。今天，产业在协同上，有很多的上下游已经变成了生态共同体，它不是简单的买卖关系，实际上是某种特殊形态的组织。产业互联网就是在此背景下发展起来的产业生态体，产业链的伙伴一起参与到平台内，供应链金融进行加持，产业上下游的协同效率提升了，能够有助于整个产业链的降本增效。除了传统的金融机构提供融资贷款外，今天产业平台的资金来源是多元化的，比如产业基金、VC、PE 等。同时，产业上下游协同伙伴变成了大量的产业合伙人，资本关系也同时发生改变。很多资本都是企业组成的一部分，他们可以成为你供应链当中的某些出资人；甚至可以形成多人参与的、很安全的、很合法的类金融模式等。

那么，数字时代的合伙之道究竟有何不同呢？

第一章
数字经济不是未来，数字经济已来

如今，随着互联网、物联网、人工智能、大数据、云计算、区块链等技术的不断加速创新，日益融入各产业发展及经济领域中，各国都制定数字经济的相关发展战略，出台了相关鼓励政策。数字经济发展速度之快、辐射范围之广、影响程度之深都是前所未有的，正在成为重组全球经济发展、资源配置、产业链重构、全球经济结构重塑、改变全球竞争格局的关键要素。中国自然也不例外，从党的十八大以来，国家就一直把数字经济放在了重要发展的方向。当前中美关系正面临着前所未有的战略挑战，其底层逻辑正是由于数字经济所带来的全球产业链利润重新分配的核心问题。西方资本在既定利益分配框架下不想奶酪被中国瓜分。因为中国处于产业链利润率最低的下游制造端，但中国同时又掌握着最大的市场端的客户群，如果能够打通产业链的数字环节，将会剥夺产业链上西方资本的品牌溢价环节与各个流通环节产生的附加值。

刚刚结束的党的二十大，报告中也指出："加快发展数字经济，促进数字经济和实体经济深度融合，打造具有国际竞争力的数字产业集群。优化基础设施布局、结构、功能和系统集成，构建现代化基础设施体系。"即以数字经济为基础建设中国现代产业体系。

2021年，我国数字经济规模超过45万亿元，数字经济在GDP中的比重超过40%。可以说2021年新冠肺炎疫情把数字经济带来的红利完美地消化了。

在这次新冠肺炎疫情之后，当旧有的办公方式被新冠肺炎疫情中断后，人们发现远程办公并没有影响到工作成效，反而更有效率了。

另一方面，数字经济已经跟我们的生活深度捆绑在一起了，已经密不可分了。支付、乘车、购物等场景已经完全融入我们的生活，要脱离数字经济必然带来巨大的脱离成本。大规模量身定制的生产方式能够给客户带来个性化的产品和服务，同时又能提高企业的灵活性和敏捷性。数字经济已经变成生活中不可或缺的部分。

经过消费互联网的繁荣之后，数字化正逐渐转向供应端，正在转向产业数字化。数字产业化和产业数字化确定了数字经济的基本范围。数字产业化和产业数字化是一个互补关系。数字经济已经成为我们产业的重要组成部分，它能够为我们所有的产业带来改革和加速效果。在数字化时代，中国正积极参与到创新链中，当断链打击来的时候，我们能够自己研发出来有竞争力的替代品。

数据的使用是多层面的，不仅影响经济的发展，也会影响到生活、和平、安全等问题。因此，数字经济的发展必须以人为本，从而形成全球最有竞争力的部分。我们需要的是我们的数字生活，而为此服务的机构也必然是数字化的企业。数字化过程中形成数字化的组织形态也是必然的结果。

在数字化时代下，传统的组织模式将不再适用，那怎样的组织形态才能适应当下的数字经济模式呢？

第二章
数字经济时代对组织形态提出更高要求

当大多数人还没有建立起互联网思维时，整个互联网时代已经开始飞快向以大数据和人工智能为核心的数字时代演变。

第一节　组织模式

企业需要构建异地协同制造、个体积极创新、架构快速迭代的合伙型组织模式。互联网红利造就了大批速成的巨无霸企业，不足20年，就有了阿里、腾讯、京东、拼多多等多个市值超过千亿或者万亿元的企业。"平台型"企业开始被资本推崇，前几年风投领域对于任何有"平台"苗头的企业都愿意给予高价值，造就了滴滴、拼多多、菜鸟等大批消费互联网领域的独角兽企业。在最疯狂的2018年，当期胡润独角兽指数的数据显示，每3.5天就有一家新独角兽诞生。

从工业时代到互联网时代，从互联网时代到数字时代的变迁，个体意识崛起、市场重心转移、生产方式转变等发展环境的变化，不断要求企业组织形态的与时俱进。孤立的、僵化的、封闭的企业组织模式，已无法满足数字经济时代生产协作网络化、产品服务个性化、市场响应及时化等需求。企业需要构建异地协同制造、个体积极创新、架构快速迭代的新型组织模式。

　　海尔集团通过"人单合一"的管理创新，打破企业与员工之间的传统雇佣关系，以共同投资的创业方式，将研发、设计、生产、销售等全流程所有部门分拆成几千个自主创业、独立运营的小微，并以类"阿米巴"的经营方式为众多业务单元提供服务。避免了初创企业过高的融资成本、管理成本、营销成本和人力资源成本，并通过独立核算的模式激励每个小微有更强的市场竞争力，将海尔彻底转化为一个平台型企业，帮助海尔完成从百亿到千亿销售额的跃升。

第二节　组织形态

企业组织形态向打破边界、在线协同作战的平台型组织变革。当前，数字化正在整体进入产业深水区。从数字经济内部结构看，数字产业化占比逐年下降，产业数字化占比逐年提升，更强的增长动力来自产业数字化。在此背景下，产业数字化时代，数字技术的爆发式发展，驱动众多垂直细分行业向上突围。企业的关注点需要从一个产品或者服务，开始延伸到整个产业链和工业通路视角。其中组织形态也在向打破边界、在线协同作战的平台型组织变革，组织机制从过去的集权管控走向授权赋能，从过去的单决策中心走向多元化决策中心，由管理层的经验决策走向基于大数据的决策。

小米在创业之初是做米 UI 系统的，在聚集大量的米粉后，开始做手机，当手机销量达到一定规模后，小米开始站在产业生态角度，开放自己的平台，为更多产品提供支持，聚合了大量的研发设计、生产制造、物流仓储、品牌推广、营销策划等各种资源，构建了一个围绕智能家具产品体系的生态系统。这个生态系统以手机和操作系统为主体，通过云计算、5G 和物联网技术，使所有小米智能家具，物与物、物与人直接达成互通、互联，利用产业基金和投资为小米生态带来资本杠杆，以大数据为小米生态提供决策支持，满足消费者在智能家具领域的全面需求。

企业想要突破发展瓶颈，必须打破自身的边界，与上下游紧密合作，更加开放地引入合作者，企业的发展定位也应站在整个产业链条盈利的平衡点上，不是谋求自身利益的最大化，而是谋求产业链整体利益的最大化。参与产业链的企业，"协助关系"将远大于"竞争关系"，原有榨取前后端利润的商业模式便不合时宜，产业链企业需要认真思考如何辅助前后端提升技术水平，实现降本增效。

第三节 就业模式与产业数字化

庞大的灵活就业人口，只有基于产业数字化的"平台型"企业可承载。2020 年末，中国就业人员有 7.5 亿多，城镇就业有 4.6 亿多，其中 2 亿左右为灵活就业，包括个体经营、非全职、新就业形态等灵活多样的就业。灵活就业是中国经济从制造到服务、从工业经济到数字经济转型发展的伴生现象。数字经济时代让大量就业人员更加倾向于选择更为自由、更为体面的工作，传统金字塔式的科层组织结构，组织边界清晰明确，领导权力相对集中，命令纵向层层传递的模式，将越发被从业人员抵触。

《中国灵活用工发展报告（2022）》蓝皮书显示，2021 年中国有 61.14% 的企业在使用灵活用工，比 2020 年增加 5.46%。全国高等学校学生信息咨询与就业指导中心统计指出，2020 年和 2021 年全国高校毕业生的灵活就业率均超过 16%。

到 2035 年，也许中国一半的就业者（接近 4 亿）都会是灵活就业者，U 盘式就业、分时就业、斜杠职业、合作型就业普遍存在。人们从关注工作岗位转为关注工作任务，"社会工作任务与精准的人力资本匹配"变成常态，组织型、集中型、单一型的就业模式向着自主型、分布型、多元型的就业模式迁移。

互联网时代冲击了传统商业模式，改变了人们的消费习惯、工作习惯，带来多品种、小批量、个性化、多样化的市场需求。数字时代将更深刻地冲击所有传统产业的生产和流通模式，如此庞大的灵活就业人口也只有众多基于产业数字化的"平台型"企业可以承载。

第三章
产业互联网的组织形态

　　产业互联网的核心价值是超越时空局限、锁定技术门槛、重塑产品形态、穿透商业疆域、走出企业边界、跨越产业界限，其顶层设计是站在产业组织的高度上，根植产业开放创新生态圈，在"交易平台＋产业数字化＋供应链金融"的间接加持下提升产业能级。产业互联网平台一定是基于既有的资源和业务基础，在深入了解既有业务的基础上，去打破和重建一些模式，这也必然涉及组织形态的调整和重建。可以从产业互联网平台内部团队视角和产业互联网平台外部产业链视角，来理解产业互联网组织形态的特点和变化趋势。

第一节　平台内部团队视角

　　从内部运营团队视角来看，有自驱力、主动性、学习型的创业型合伙组织，更易实现产业互联网平台的各阶段业务目标任务。因为在产业互联网平台的搭建过程中，没有既有经验可以遵循，这就需要组织中的每个成员不断学习、发挥主动性来取得突破。产业互联网平台业务对内部运营团队来说，既有很大的业务变化，也存在巨大的挑战；既有团队成员旧知识体系的打破、各领域之间的跨界，也对组织的信息流、工作流的要求有着巨大的考验。产业互联网行业中，模式是不断在变的，学习时间、交流时间、业务钻研时间越来越多。从工作时间上就能看到传统行业和产业互联网行业的区别，对于人的驱动和激励也是不同的。重建组织架构的第一步就是组织团队形成共同愿景、共同推进产业互联网平台建设。

　　组织形态重建的特点和变化趋势，主要在线下与线上团队的融合、产品和运营团队的打造、团队对各种跨界信息的整合应用能力建设。产业互联网平台是线上和线下的深度融合，如果这两部分是割裂开的，那么在一开始就注定了会失败。因为线下的团队不融入线上，就没有互联网的思维，那么既有线下资源也导入不到平台上。当线上线下运营团队融为一体，对整个运营团队的绩效考核才可以驱使团队目标是一致的。产品和运营需要由不同团队来运作，技术团队也无法与产品团队混为一体，二者有较大的区别。产品团队关键职能是把传统业务语言转化为互联网技术语言。产业互联网平台很多业务需要产品团队去做研发。例如供应链金融在互联网平台上的运作是与传统的信贷金融不同的，产品岗位需要设计这种服务产品，然后把设计方案交付给开发团队。运营团队又区别于传统销售团队和客服团队，需要从用户的角度思考，进行精细化运营。在数据分析的基础上不断对运营方式进行迭代，并要把用户的需求反馈给产品团队。因此既要有销售能力，还要有互联网吸引客户、粘住客户的能力。产业互联网平台的团队对于各种跨界信息的快速获取和流动，要求整合提取产生较高业务价值。

　　产业互联网平台对内部组织架构和岗位职责中，关于信息的流动流程应有明确的要求，否则难以形成合力和快速迭代，也很难打破知识壁垒。平台创始之初，对内部创业团队的创新还应给予必要的包容。因为很多情况下没有试错的勇气就无法迭代平台的业务模式，所以在确定产业互联网战略方向和商业模式后，最重要的是通过重建组织形态和合伙文化、机制，打造"聚是一团火，散是满天星"的强大产业互联网创业团队。

第二节　平台外部产业链视角

平台驱动的产业升级不会带来竞争加剧，反而会形成融合发展与协同共赢的新型组织形态。产业是由骨干企业和众多产业链相关企业、相关参与者共同组成。传统企业通常是独立建设研发、生产、销售体系，产业中各企业之前大多数是同品类、同质化竞争关系，但产业互联网构建了以骨干企业牵头，产业服务从各自独立承担向平台型组织转化，产业链相关企业向产业节点企业转化。骨干企业利用自身能力和资源优势，搭建赋能平台服务产业链相关企业；产业链相关企业通过共享平台进一步实现效能提升，从而通过产业互联网实现大中小企业融合协同发展。因此，产业升级是骨干企业与众多产业链相关企业基于"产业互联网模式"建立"平台＋服务节点"的创新型连接形态。通过为全行业提供先进的生产性服务，骨干企业携手产业链相关企业渐进地、协同地完成产业升级。

产业链机制创新促进产业升级下的企业群形成上下游新型合作形态。产业从业者凭什么加入平台呢？靠单纯的技术创新资源整合不能实现产业互联网平台对产业上下游的连接，需要创新商业模式，形成能满足产业链上下游价值需求的新的利益生态平衡体系。"机制创新"即平台带来的实实在在的新价值是核心，如通过平台获取更多的生意机会、更好的服务和更低的成本等。技术创新只有在"机制创新"的驱动下才能发挥作用。产业互联网对产业链上下游的连接不仅是 IT 云应用连接，更是服务连接。单一的云应用，技术太先进不会用，技术缺服务不愿用。平台型企业需要了解产业从业者有哪些工作需要支撑、哪些痛点需要解决。通过规范化、集约化的共享服务中心提供专业增值服务，并建立合理的利益分配机制，通过综合红利促进上下游参与者新型合作关系，驱动产业互联网的发展。

专业产业平台综合服务成为标配，驱动资源整合组织局面新高度。思维转变需要从决策层到核心运营团队的转变，包括从企业家到产业家、从封闭到开放、从竞争到竞合、从竞争优势到生态优势的系列理念共识达成；创新模式，包括从产业痛点／刚需场景的识别，对现状资源能力评估，对产业存量资源整合，产业链新价值的创造和盈利模式设计；改善机制，包括产业互联网新公司的股权结构设计、运作机制设计、产业链利益机制设计等，以最大化的激发平台企业管理团队的活力，以及产业链各方参与主体对平台的粘性；建设平台，包括建立线上线下融合的产业互联网运营流程和 IT 系统，为持续的运营增长提供支撑平台。因此，在产业互联网转型中必须做好系统规划和持续的运营落地。在整体商业模式规划下，进一步明确实施路径与阶段投入产出计划，保证模式、机制和平台搭建的关联协同；在实施落地阶段，需要 IT 平台建设、运营服务体系以及各种资源导入与对接。因此，产业互联网平台企业必须学会有效地整合外部资源，尤其是选择具有产业互联网综合服务能力的专业机构共同推进，从而避免风险，少走弯路。

产业互联网共享价值观与行业治理规则的建立是产业组织健康发展的关键。在产业互联网平台建设的过程中，有三点非常重要。第一，共建共享价值观统一。让一部分首先参与平台共建的企业先享受到平台的便利，因为连接上来意味着在线、透明，与一个更大而且不断成长的信息透明体形成利益同盟、与一个供应链管理技术更强大的平台共享资源和技术，都付出一些资源、都开放一些关键信息，作战策略保持一致。第二，联合演习打一场实战，证明生态圈的价值更大。要么价格卖得比自己单干更高，要么成本更低、效率更高。然后更坚定地连上来、开放透明更多信息和资源，更大规模一起作战。于是，平台利用他的同时，也获得加速增长。第三，总结经验形成行为规范或者组织革新。目前产业发展遇到的普遍问题是缺少有效的治理手段。产业规则与治理是在实际合作中逐步达成共识并持续完善，成为产业链参与各方公认并共同遵守的规则。这个规则对于产业的高质量健康发展具有重要作用。

后 记

产业谋局，组织谋圈

不谋万世者，不足以谋一时；不谋全局者，不足以谋一域。

视野与格局，是图业成事的关键。抗日战争第一年，大片国土沦丧，悲观情绪蔓延亡国论盛行的最艰苦时期，毛主席提出了《论持久战》，显示出了非凡的视野与伟大的格局，指导中国人民夺取了抗日战争伟大胜利；解放战争第一年，共产党丢失了绝大多数城市和重要的交通枢纽，国民党看上去就要取得胜利，共产党的领袖们却提出不计较一城一池的得失，始终以先消灭敌人的有生力量为目标的战略方针，最终赢得了江山。前者"积小胜为大胜，以空间换时间"，后者"得人失地，地可夺回；得地失人，人地两空"，皆为看透时局善谋大局的经典之作。

做事不如谋局，《孙子兵法》曰："庸者谋事，智者谋局。"商场如战场，在今天数字经济新商业时代，产业要素和竞争格局发生了质的变化，要从产业大局和产业链全局上谋篇布局，关注终点才能找到起点，政策、市场、人才、资本、产业伙伴、公共资源等都能以终为始地串联起来为局所用。新物种新进化，新时代新打法，创新需要心法和手法都到位，解放思想，找对路子，比埋头苦干更有效。谋局的关键在于引领利益相关者和打造价值共同体，做局的关键在于有效果图还有施工图，从摸着石头过河到造船出海。

谋局不过人心，处事无非人性。

合伙型组织

人的因素终究是核心，人心人性会生成人与人的关系。本书把合伙型组织这样定义："合伙型组织是在产业变革和人本经营为显著趋势的大背景下，从生命科学的角度探析企业持续增长与组织成长的关系，更强调组织的有机性、生态性、平台性和聚合性，这种新型的组织范式我们称之为合伙型组织。合伙型组织从蓝图、模式、治理和精神四个维度构建并彼此关联，从而实现组织更强大的吸纳力、内驱力和生命力。"这个定义的本质是以合伙人的角度去看组织环境，组织的环境是人与人的链接，这个链接的前提其实是物以类聚、人以群分。

上下同欲者胜，志同道合者行。有了好局还得有好的朋友圈，毛主席说，最大的政治就是把赞成的人搞得多多的，把反对的人搞得少少的，也就是团结一切可以团结的力量。合伙型组织提出的四个维度，是发展朋友圈的依据：没有方向的部队是凝聚不起来的，所以第一象限就强调了合伙蓝图，没有主义的部队是长久不了，所以就有了合伙治理和合伙精神的象限。合伙型组织就是把支持谋局做局的各项资源要素变成组织圈层，这些朋友圈可能是创业合伙人、事业合伙人，也可能是产业合伙人、资本合伙人，或者是城市合伙人、用户合伙人，总之内生外长圆融万象。

世事如局，由果而因。产业谋局，组织谋圈。时势造英雄，英雄造新势，愿天下合伙人莫错了机缘，终成了好局。

刘建刚

2022 年 11 月 19 日凌晨 2 点